新能源汽车专业职业教育创新教材

新能源汽车使用与维护

主　编　李晶华　李穗平

副主编　常　亮　李　波　吴　幽

机 械 工 业 出 版 社

本书基于现阶段国内主流新能源汽车，尤其是纯电动汽车的使用与维护技术要求，结合电工作业规范，针对典型工作任务进行编写，对新能源汽车的结构、使用及维修中的安全操作、维护保养规范、典型维护案例等进行了详细的技术讲解，其中采用了大量的实际操作实物图，适用于职业院校新能源汽车专业维修作业中车辆使用和维护领域的教学与学习。

图书在版编目（CIP）数据

新能源汽车使用与维护/李晶华，李穗萍主编 . —北京：机械工业出版社，2018.5（2025.2 重印）
新能源汽车专业职业教育"十三五"规划创新教材
ISBN 978-7-111-59541-0

Ⅰ . ①新⋯ Ⅱ .①李⋯②李⋯ Ⅲ .①新能源 – 汽车 – 使用方法 – 高等职业教育 – 教材 ②新能源 – 汽车 – 车辆修理 – 高等职业教育 – 教材 Ⅳ .①U469.7

中国版本图书馆 CIP 数据核字（2018）第 062177 号

机械工业出版社（北京市百万庄大街22号　邮政编码100037）
策划编辑：杜凡如　连景岩　责任编辑：杜凡如　连景岩
责任校对：刘秀芝　　　　　封面设计：王九岭
责任印制：郜　敏
中煤（北京）印务有限公司印刷
2025 年 2 月第 1 版第 12 次印刷
184mm×260mm・11 印张・259 千字
标准书号：ISBN 978-7-111-59541-0
定价：28.00 元

电话服务　　　　　　　　　　网络服务
客服电话：010-88361066　　　机　工　官　网：www.cmpbook.com
　　　　　010-88379833　　　机　工　官　博：weibo.com/cmp1952
　　　　　010-68326294　　　金　书　网：www.golden-book.com
封底无防伪标均为盗版　　机工教育服务网：www.cmpedu.com

新能源汽车专业职业教育创新教材

专家委员会

新能源汽车专业职业教育创新教材

编委会

特 别 鸣 谢

新能源汽车技术对于职业教育来说是个全新的领域，北京新能源汽车股份有限公司一直十分关注我国职业教育的发展，充分体现了国有企业的社会责任。目前，职业教育新能源汽车专业教材相对较少，为响应国家培养大国工匠的号召，北京新能源汽车股份有限公司组织编写了职业教育新能源汽车专业系列教材，并由北京汇智慧众汽车技术研究院负责开发了课程体系。在编写过程中，北京新能源汽车股份有限公司提供了大量的技术资料，给予了专业技术指导，保证了本书成为专业针对性强、适用读者群体范围广的职业教育新能源汽车专业的实用教材，尤其是王忠雷、窦银忠、陈圣景、张国敏、李春洪等提出了大量的意见和建议。在此，对北京新能源汽车股份有限公司及北京汇智慧众汽车技术研究院在本书编写过程中给予的所有支持和帮助表示由衷的感谢！

机械工业出版社

前　　言

节能和环保已成为当今世界的两大主题。新能源汽车在这两个方面具有的优势日益受到人们的关注，也成为各大汽车企业的必争之地。我国将新能源汽车纳入"十三五"国家战略新兴产业，并在政策上给予了大力支持。国际能源署 IEA 预计，到 2020 年，全球新能源汽车总销售量接近 600 万辆，全球新能源汽车保有量将达到 2000 万辆。我国规划到 2020 年新能源汽车累计产销量要达到 500 万辆。据有关数据显示，预计到 2030 年我国新能源汽车产量将超过 1200 万辆，对汽车总产量的贡献超过 27%。在此背景下，对新能源汽车的生产制造与售后服务人员的需求正在逐渐增加。

新能源汽车与传统汽车相比，在结构和工作原理上均有很大区别，尤其在新能源汽车使用与维护方面。因此，在使用和维护过程中，需要具备一定的理论知识，并掌握新能源汽车的基本操作技能。

本书基于现阶段国内主流新能源汽车，尤其是纯电动汽车的使用与维护技术要求，结合电工作业规范，针对诸多典型工作任务进行了编写，对新能源汽车的结构、使用及维修中的安全操作、维护保养规范、典型维护案例等进行了详细的技术讲解，其中采用了大量的实际操作实物图，适用于职业院校新能源汽车专业维修作业中车辆使用和维护领域的教学与学习。

本书由天津职业大学李晶华和重庆电子工程职业学院李穗平担任主编，兰州职业技术学院常亮、滨州技术学院李波、重庆市立信职业教育中心吴幽担任副主编，参加本书编写的还有高红花、袁永文、戴林峰、周娜、张健、柴大智、龙凤淳、赖东寅。同时，在编写过程中得到了北京新能源汽车股份有限公司的大力支持。

由于本书编者水平和经验有限，新能源汽车也正处于大发展时期，难免存在缺点和疏漏，恳请相关领域专家和广大读者给予批评指正。

编　者

目　　录

第 1 章 ▶▶▶▶▶

认识新能源汽车

学习目标

- 了解国内外新能源汽车的发展历史。
- 了解新能源汽车的种类和特点。
- 掌握新能源纯电动汽车的基本结构。
- 了解新能源汽车售后服务中心的运行。

1.1 新能源汽车概述

1.1.1 国内外新能源汽车的发展

1. 国外新能源汽车的发展

纯电动汽车的起源比现在最常见的内燃机驱动的汽车要早。早在 1828 年，被称为直流电机之父的匈牙利发明家、工程师阿纽什·耶德利克（Ányos Jedlik）在实验室试验成功了电磁驱动的行动装置。1831 年法拉第（Michael Faraday）发现了电磁感应定律，从而促进了电动机和发电机的发展，使电力交通成为可能。美国人托马斯·达文波特（Thomas Davenport）于 1834 年制造出第一辆直流电机驱动的搭载不可再充电电池的纯电动三轮车（图1-1），因此托马斯于 1837 年获得美国电机行业的第一个专利。在 1832 年至 1838 年之间，苏格兰人罗伯特·安德森

图 1-1　第一辆纯电动三轮车

（Robert Anderson）发明了电驱动的马车，这是一辆使用不能充电的初级电池驱动的车辆。1838 年苏格兰人罗伯特·戴维森（Robert Davidson）发明了电驱动的火车。1859 年普莱德（Plante）的铅酸蓄电池研制成功；1874 年萨洛蒙发明了由蓄电池驱动的电动三轮车；1881 年真正的纯电动汽车由法国人古斯塔夫·特鲁夫（Gustave Trouve）制造问世，它采用铅酸

蓄电池供电，由 0.1hp 的直流电动机驱动。1899 年，德国人波尔舍发明了一台轮毂电动机，以替代当时在汽车上普遍使用的链条传动，随后开发了 Lohner - Porsche 电动车，该车采用铅酸蓄电池作为动力源，由前轮内的轮毂电动机直接驱动，这也是第一部以保时捷命名的汽车。此后三四十年间，纯电动汽车在当时的汽车发展中占据着重要位置。据统计，截至 1890 年在全世界 4200 辆汽车中，有 38% 为纯电动汽车，40% 为蒸汽车，22% 为内燃机汽车。在 1899 年和 1900 年期间，纯电动汽车的销量要比其他类型汽车的销量都要好。实际上，根据全美人口调查局的调查显示，1900 年纯电动汽车生产量占到美国汽车总产量的 28%，所出售的纯电动汽车总价值超过了当年汽油汽车和蒸汽汽车总和。

在石油大量开发和内燃机技术提高的同时，电池技术的局限性导致纯电动汽车成本难以下降，譬如 1912 年，美国一款电动敞篷车的售价高达 1750 美元，而一款燃油汽车售价仅有 650 美元；同时交通路网的快速建设完成，要求车辆行驶速度更快、续航里程更长，而这也恰好是纯电动汽车的缺陷，因为当时没有晶体管技术，电动汽车的性能受到限制，极速大约只有 32km/h，而当时内燃机汽车的速度就已经能够超过 100km/h，所以靠电力驱动的汽车逐渐退出市场，只是在少数城市保留着很少的有轨电车和无轨电车。在中国，由于城市建设的发展，曾经真正环保、在城市公交中起到重要作用的电车，也由于种种原因基本退出了，但与此相反的是在轨道交通方面，电力驱动得到了飞速发展。

在石油资源枯竭来临、大气污染问题开始受到关注的今天，各主要汽车生产厂家又重新把目光聚焦到了纯电动汽车，开始投入资金和技术在纯电动汽车领域进行研发和试制。在 20 世纪 60 年代，当时的第一大汽车生产制造企业——通用汽车公司投资 1500 万美元开发出了 Electrovair 和 Electrovan 两款纯电动汽车。在 1990 年 1 月的洛杉矶汽车展上，通用汽车总裁向全球推介 Impact 纯电动轿车；1993 年 Impact3 开始进行批量生产；1995 年通用 EV1 开始商业化生产，EV1 最高时速可达 128km/h，从静止加速到 96km/h 只需 9s，一次充电可行驶 144km。后来，通用电气公司和福特汽车公司联合开发出 EXE-Ⅰ、EXE-Ⅱ纯电动汽车，以及福特自己生产的 Think City。丰田的 RAV4 LEV 由于使用了镍氢电池，一次充电可行驶 200km，零售价 4.2 万美元/辆（同型的汽油车零售价为 2 万美元/辆），其中电池成本占整车成本的 40%。1997 年法国雷诺公司推出装备锂电池的标致 106 纯电动汽车；1998 年在日本和美国销售的 ALTRA 电动汽车采用锂电池，循环寿命长，可反复使用 1200 次，续驶里程 124km；大众汽车公司在第 18 届国际纯电动汽车展会上推出的纯电动汽车采用了 300kg 的充电电池，汽车在 12s 内可从 0 加速到 100km/h，最高车速 140km/h；雷诺的 Clio 等也开始进行批量化生产，这些批量化生产的纯电动汽车采用的均是除铅酸蓄电池组以外的电池技术，安装的电机是交流感应电机或永磁同步电机。

真正让纯电动汽车重新回到公众视眼的是新成立的 Tesla 汽车公司于 2006 年发布的 Roadster 跑车（图 1-2），该车车速从 0 加速到 60mile/h 只要 3.9s，每次充电可行驶 200mile，到 2011 年，新上市的 Roadster 的续航里程超过了 240mile，但售价超过 10 万美元。而真正让纯电动汽车走入大众家庭的是 2010 年在美国开始销售的日产纯电动汽车 Leaf（图 1-2），其续航里程为 100mile，价格在 3 万美元左右，所以目前仍旧是全球销量最好的纯电动汽车。

2. 国内新能源汽车的发展

当前我国新能源汽车的发展状况主要表现为：纯电动汽车技术成熟，已在特定区域推广

图 1-2　Tesla Roadster 和日产纯电动汽车 Leaf

应用；混合动力汽车技术渐趋完善，进入商业化推广阶段；燃料电池汽车技术处于新的突破前期，正在成为新的研发重点。

国内较早涉足新能源研究的大型汽车集团是一汽集团，从 20 世纪末至今，新能源汽车的发展经历了十多年，从混合动力到插电式混动再到纯电动汽车研发，一汽集团在新能源技术方面有了一定的积累，2010 年 8 月成立了新能源汽车分公司，目前对外宣传的纯电动汽车产品主要是奔腾 B50EV 和森雅 M80EV。东风集团也是国内最早研究新能源汽车技术的大企业集团之一，其纯电动技术的研发始于"八五"期间，至今已经历时 20 个年头，在新能源汽车关键技术的自主研发方面有一定的积累，除了以日产公司的聆风车型为原型合资生产纯电动汽车启辰晨风外，目前东风风神 E30 和 E30L 也将面世，如图 1-3 所示。上汽集团开发新能源汽车是从 2001 年底与同济大学合作共同承担了国家"863"纯电动汽车重大专项开始的。但迄今为止，我们能看到的纯电动汽车产品仅是荣威 E50，如图 1-4 所示，定位于城市新型代步工具，具备高效动力操控，节能环保特质，智能周全防护能力。上汽集团新能源方面的主要产品集中在插电混合动力领域。

图 1-3　东风风神 E30 和 E30L

除了三大汽车集团外，最早进行纯电动汽车研发生产的是成立于 2001 年的天津清源电动车辆有限责任公司，其由中国汽车技术研究中心、天津力神电池股份有限公司、天津蓝天电源公司、天津汽车工业（集团）有限公司四家单位共同投资组建，是一家专门从事电动车辆整车及关键零部件的研究、开发、生产与经营的公司。2008 年，清源公司曾投入巨资建成了国内第一条纯电动汽车整车生产线和纯电动汽车动力总成生产线。另外一家较早进入批量化生产纯电动汽车的是比亚迪股份有限公司，由于以研发生产电池起家，在电池技术领域处于国际领先水平，其搭载自主研发铁电池的比亚迪 e6 先行者是全球首款采用铁电池为动力的纯电动汽车。2010 年 5 月 e6 就成为首批电动出租车交付运营，2011 年又对 e6 进行

图 1-4　荣威 E50

改进升级，面向个人用户销售，近年又有 e5 和秦（图 1-5）等纯电动汽车下线进行销售。

图 1-5　比亚迪 e5、e6 和秦

2009 年，我国"十城千辆节能与新能源汽车示范推广应用工程"的开展和国家关于《新能源汽车生产企业及产品准入管理规则》的推出，开启了新能源汽车发展的新篇章。与国际电动汽车品牌相比，自主品牌电动汽车企业更侧重于从市场接受度出发，重点发展微型和小型电动乘用车。奇瑞、江淮、吉利、长安、北汽等传统汽车制造企业开始陆续进行纯电动汽车的生产开发。

2009 年 11 月 14 日，北汽集团成立北京新能源汽车股份有限公司，专门生产新能源纯电动汽车，第一款产品为 E150EV。北汽新能源目前已经有 EV 系列的 EV160、EV200，作为国家会议专用贵宾车的有 ES 系列的 ES210，EX 系列的 EX200、EX260，EU 系列的 EU260 等，还有作为国民普通用车的 EC 系列 EC180，物流车威旺 306EV、威旺 307EV，使其成为纯电动汽车的领军引领者，如图 1-6 所示。

图 1-6　北汽新能源系列车型

在国产纯电动汽车中，吉利众泰的知豆和吉利的康迪（图1-7）是较早使用换电池模式的，主要在杭州电动出租车领域推行。这些电动出租车统一采用"国家电网"标准电池，采取"换电"能源供给模式，即购置电动出租车不需要购买电池，而是向杭州纯电动汽车服务公司长期租用电池及成套换电服务，租金按物价部门批准的 0.5 元/km 的价格标准支付。后来，为了在其他地区开拓市场，吉利也生产非换电模式的纯电动乘用车。

图1-7 康迪及电池更换

1.1.2 新能源汽车的定义

由于分类标准及使用目的不同，世界各国新能源汽车的定义和分类标准尚未统一。目前业界最为接受的新能源汽车分类涵盖纯电动汽车（BEV）、插电式混合动力电动汽车（PHEV）、增程式电动汽车（REV）和燃料电池（FCV）汽车。我国新能源汽车的分类及定义主要有以下两个层面。

1. 专家层面定义

2009 年 7 月 1 日，我国正式实施了《新能源汽车生产企业及产品准入管理规则》，明确指出：新能源汽车是指采用非常规的车用燃料作为动力来源（或使用常规车用燃料、采用新型车载动力装置），综合车辆动力控制和驱动方面的先进技术，形成的技术原理先进、具有新技术、新结构的汽车。新能源汽车包括电动汽车、气体燃料汽车、生物燃料汽车、氢燃料汽车等。这个定义是国家发改委公告的定义，也被称为专家层面定义，在 2012 年以前整个行业基本也都是这样来进行定义的，一些国家和地区目前也还是这样进行定义。

2. 国家战略层面定义

2012 年 7 月 9 日，由工信部牵头制订的《节能与新能源汽车发展规划（2011—2020年)》正式发布。明确指出新能源汽车是指采用新型动力系统，完全或主要依靠新型能源（如电能）驱动的汽车。将新能源汽车的范围定为插电式混合动力汽车、纯电动汽车，燃料电池汽车，而常规混合动力汽车为节能内燃机汽车。

插电式混合动力汽车（图1-8）是一种配有充电插口和具备车载供电功能的纯电能驱动的电动乘用汽车，同时按要求最高车速不低于100km/h，纯电驱动模式下综合工况续驶里程不低于50km。但目前国内部分插电式混合动力汽车只不过是在混合动力汽车上增加了一个插座，不是完全依靠纯电能驱动，而是双模或混合驱动。

纯电动汽车是指以车载电池为动力源，用电机驱动车轮行驶，符合道路交通、安全法规和国家标准各项要求的乘用车辆，如图1-9所示。它不需要其他能量（如汽油、柴油等），

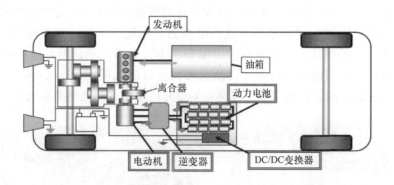

图1-8　插电式混合动力汽车

可以通过家用电源（普通插座）、专用充电桩或者特定的充电场所进行充电，以满足日常的行驶需求。

燃料电池汽车是一种用车载燃料电池装置产生的电力作为动力的汽车，如图1-10所示。通过氢气和氧气的化学作用，而不是经过燃烧，直接转变成电能动力。

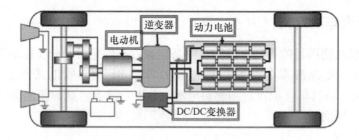

图1-9　纯电动汽车

图1-10　燃料电池汽车

节能汽车是指以内燃机为主要动力系统，通过应用先进技术手段使车辆油耗明显降低的汽车。传统的非插电式混合动力汽车被划归为节能汽车，不能享受新能源汽车的相关政策补贴。混合动力汽车就是由发动机或电动机驱动的车辆，因此它免不了需要加油，它通常能够行驶在纯电动模式、纯油模式以及油电混合模式下。混合动力汽车一般可以分为普通混合动力汽车、插电式混合动力汽车以及增程式混合动力汽车。根据混合动力驱动的连接方式分为串联式混合动力汽车、并联式混合动力汽车和混联式混合动力汽车。根据在混合动力系统中，电机的输出功率在整个系统输出功率中所占的比重，也就是常说的混合度不同，混合动力系统还可以分为以下四类：微混合动力系统（BSG 系统，发电起动一体式电动机或加强型起动机），轻混合动力系统（ISG 系统，混合度一般在 20% 以下），中混合动力系统（ISG 系统高压电机，混合度一般在 30% 左右），完全混合动力系统（可纯电行驶，混合度超过 50%）。

图 1-11　纯电动汽车的优点

1.1.3　新能源汽车特点

1. 纯电动汽车

从外观和内饰方面对比，纯电动汽车和传统汽车相差并不大，两者的核心区别是：电动机取代发动机。纯电动汽车具有很多优点（图 1-11）：结构简单，使用维修方便；能量转换效率高；易实现制动能量回收，提高能量利用效率；无污染，噪声小；使用成本低；可在夜间利用电网廉价的"谷电"，而且纯电动汽车的转矩输出性能十分优秀，如图 1-12 所示。

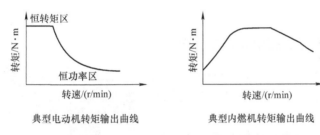

典型电动机转矩输出曲线　　　　典型内燃机转矩输出曲线

图 1-12　纯电动汽车和传统内燃机转矩输出曲线对比

2. 插电式混合动力汽车

插电式混合动力汽车具有以下优点：

1）采用混合动力后可按平均需用功率来确定内燃机的最大功率，发动机相对较小，此时处于油耗低、污染少的最优工况下工作。由于内燃机可持续工作，电池又可以不断得到充电，故其行程和普通汽车一样。

2）因为有了电池，可以十分方便地回收下坡时的动能。

3）在繁华市区，可关停内燃机，由电池单独驱动，实现"零"排放。

4）有了内燃机可以十分方便地解决耗能大的空调、取暖、除霜等纯电动汽车遇到的难题。

5）可以利用现有的加油站加油，不必再投资建设。

6）可让电池保持在良好的工作状态，不发生过充、过放，以延长其使用寿命，降低成本。

7）由于整车具有多个动力源，可同时工作，整车的动力性能优良。

缺点：系统结构相对复杂；长距离高速行驶省油效果不明显。

3. 燃料电池汽车

与传统汽车相比，燃料电池汽车具有以下优点：

1）零排放或近似零排放。

2）减少了机油泄漏可能引起的水污染问题。

3）降低了温室气体的排放。

4）燃料电池的转化效率高（60%左右），整车燃油经济性良好。

5）运行平稳、无噪声。

缺点：燃料电池成本高昂，且使用成本（氢）也较高。

4. 氢动力汽车

优点：排放物是纯水，行驶时不产生任何污染物。

缺点：氢燃料成本过高，而且氢燃料的存储和运输按照技术条件来说非常困难，因为氢分子非常小，极易透过储藏装置的外壳逃逸。另外，最致命的问题是氢气的提取需要通过电解水或者利用天然气，如此一来同样需要消耗大量能源，除非使用核电来提取，否则无法从根本上降低二氧化碳的排放。

5. 超级电容汽车

优点：充电时间短、功率密度大、容量大、使用寿命长、免维护、经济环保等。

缺点：能量密度低，很难满足整车需求，故一般作为辅助蓄能器；功率输出随着行驶里程加长而衰减等。

1.1.4 纯电动汽车与低速电动车的区别

低速电动车是指车行速度低于70km/h的简易四轮纯电动汽车，外形、结构、性能与燃油汽车类似，如图1-13所示。

四轮低速电动车可分为：高尔夫车、观光车、狩猎车、特种车。高尔夫车主要用于高尔夫球场、公司仓库搬运货物、建筑工地、家庭，目前也有一些地区将其当作简易客车使用，车速约40km/h，6～20个座位。观光车的车速一般为20～30km/h，

图1-13　低速电动车

用于旅游观光、住宅小区保安巡逻等场所。狩猎车具有低速大转矩、噪声小的特点，爬坡能力比内燃机汽车更强。特种车：如小型高空作业车、城市扫地车、垃圾车、警用巡逻车等。

纯电动汽车是严格按国家标准生产的汽车，除动力能源外其外形内饰、性能、安全、配置等同于传统燃油车，而低速电动车则无正规的国家生产标准，在车辆性能方面与汽车相差甚远。

目前，低速电动车普遍采用铅酸蓄电池，电池价格低廉，但密度也相对较低，满充满放寿命大都低于500次。在行驶速度和续航能力方面，低速电动车基本上都低于70km/h，并且只能支持不到100km的续航里程，其实际的驾驶体验更为接近旅游景区中常见的观光车，而且冬季低温时的续航能力仅有原续航能力的40%左右。此外，在车辆安全方面，低速电动车的车身高强钢使用比例大多在10%以下，并且无相应安全配置，车辆也大都未经过任

何安全碰撞测试，安全性上并无相应保障。

　　纯电动汽车采用的是高性能动力锂电池，价格高昂，满充满放寿命超过2000次。同时，在行驶速度和续航能力方面，纯电动汽车的最高车速在100km/h以上，完全能够满足高速出行的需求，而且续航能力大于150km，短途旅游不在话下，冬季低温时期（低于−5℃）的可用电量能维持在80%左右。此外，在安全性上，由于经过研发测试以及严格的安全碰撞测试，纯电动汽车与普通燃油汽车一样，拥有可靠的安全性能，并且多数车型还拥有丰富的安全及科技配置，如ABS+EBD、双安全气囊、坡道辅助控制、泊车雷达、倒车影像等，能够充分保障每一位驾乘者的安全。

1.2　纯电动汽车结构

1.2.1　纯电动汽车组成

　　纯电动汽车主要由驱动系统、能源系统、低压辅助系统和高压空调系统组成，主要包括高压动力电池、充电单元、整车控制器、电机控制器、电机、机械传动装置、DC/DC变换器、高压空调、低压蓄电池和辅助设备等，图1-14所示为纯电动汽车典型结构。

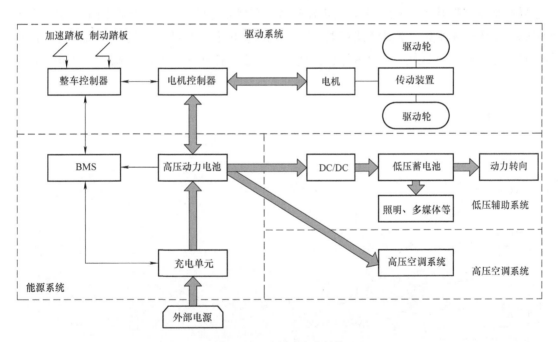

图1-14　纯电动汽车结构

　　整车控制器时刻采集驾驶人的意图，将加速踏板信号和制动踏板信号分析运算后通过CAN总线传递至电机控制器，控制电机的转速和转矩。高压动力电池提供整车运转所需的全部能量，电机控制器可将高压动力电池提供的高压直流电逆变为高压交流电驱动电动机运转；同时，高压动力电池将部分能量流向高压空调和DC/DC，DC/DC可将高压直流电转化为低压直流电供电动转向和低压辅助设备使用。一般而言，纯电动汽车的空调系统均采用高压供电，制冷功能由高压电动压缩机实现，加热功能由 PTC 加热元件实现。当高压动力电池的电量过低时可由充电单元进行补充，充电单元一般分为快充和慢充两种，快充充电速度较快但对动力电池的损失较大。电池管理系统（BMS）主要实现高压动力电池的充放电管理、能量均衡、SOC 估算、继电器控制、电压电流检测以及过压、过流保护等。整车控制器负责整个电控系统的协调控制，而电机控制器、BMS 等控制器之间采用高速 CAN 总线进行信息交互。

1.2.2　北汽新能源纯电动汽车各部件介绍

新能源车辆中，纯电动车辆的结构组成基本类似，下面以北汽新能源纯电动汽车为例介绍各个部件，各部件在车辆上的分布位置如图 1-15 所示。

北汽新能源公司生产的纯电动 EV160 乘用车，配置了北汽普兰德电池公司生产的高性能磷酸铁锂电池、大洋电机公司制造的高效节能永磁同步电机、北汽自主研发的高可靠性整车控制器，基本参数见表 1-1。

纯电动汽车动力舱内的布置如图 1-16 所示，与传统内燃机汽车有很大的区别。动力舱内主要有整车控制器（VCU）、驱动电机控制器、车载充电机、冷却系统膨胀罐、制动系统储液罐、低压熔断器盒、洗涤液储存罐、12V 铅酸蓄电池、DC/DC 变换器、高压继电器盒等部件。为了使整个动力系统的运行更加良好，车舱内各部件会进行集成布置，如图 1-17 所示。

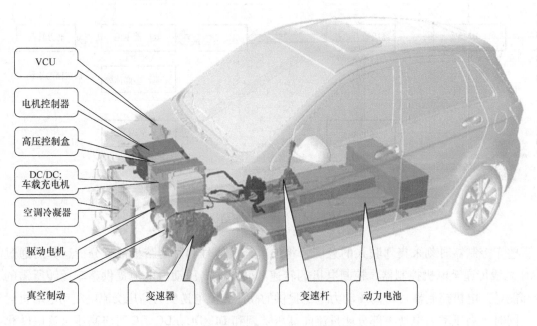

图 1-15　北汽新能源纯电动汽车的基本结构

表 1-1　EV160 的基本参数

类　别	项　目	参　数
整车参数	长 × 宽 × 高/mm × mm × mm	3398 × 1720 × 1503
	整备质量/kg	1370
	最高车速/(km/h)	120
	最大爬坡度	20%
	综合续驶里程/km	160
电机参数	功率（峰值功率）/kW	20（45）
	额定转矩/峰值转矩/N·m	64（144）
电池参数	电池类型	磷酸铁锂
	额定电压/V	320
	电量/kW·h	25.6

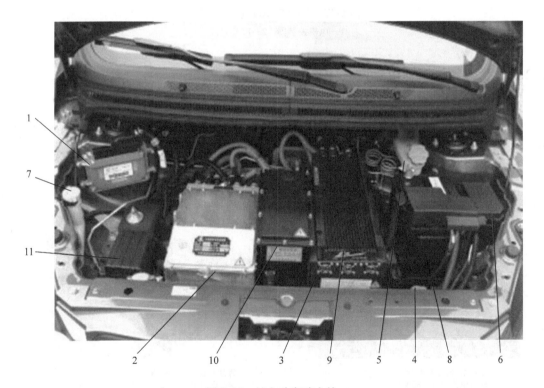

图 1-16　纯电动车动力舱

1—整车控制器（VCU）　2—驱动电机控制器　3—车载充电机　4—冷却系统膨胀罐　5—制动系统储液罐
6、11—低压熔断器盒　7—洗涤液储存罐　8—12V 铅酸蓄电池　9—DC/DC 变换器　10—高压继电器盒

图 1-17　新款 EV160 动力舱结构

1—电机控制器　2—PDU 总成

1.2.3　北汽新能源纯电动汽车主要部件功能

1. 动力电池

动力电池安装在车辆底部,其外形结构如图 1-18 所示。动力电池及其控制系统的主要功用:

车辆型号: E160 EV
动力电池容量: 80A·h

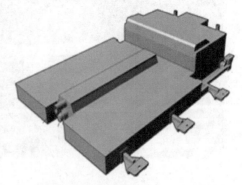

动力电池电压: 320V
动力电池电量: 25.6kW·h

图 1-18　动力电池

1)提供动力。

2）电量计算。

3）温度、电压、湿度检测。

4）漏电检测、异常情况报警。

5）充放电控制、预充电控制。

6）电池一致性检测。

7）系统自检等。

提示：车辆行驶过程中，随着电量的消耗，SOC 表上指针指示的数值会逐渐减小。当 SOC 减小到 30% 以下时，SOC 表上的电量不足指示灯会点亮，提示用户尽快对车辆进行充电。SOC 标志动力电池包的荷电状态（State Of Charge），是剩余电量与额定电量的比值百分数。

2. 驱动电机

驱动电机的外形及结构如图 1-19 所示，其主要作用如下：

 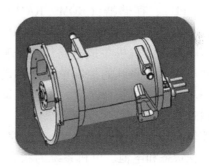

图 1-19　驱动电机外形及结构

1）驱动电机控制器将动力电池提供的直流电转化为交流电，然后输出给电机。

2）通过电机的正转来实现整车加速、减速，通过电机的反转来实现倒车。

3）通过有效的控制策略，控制动力总成以最佳方式协调工作。

3. 电机控制器

电机控制器（图 1-20）是电机系统的控制中心，它对整车控制器发出的信息和电机内

图 1-20　电机控制器总成

13

部转角、温度传感器等输入信号进行处理，按照预定策略做出对驱动电机 U、V、W 三个定子线圈通电顺序和脉宽（占空比）的控制，达到控制电机的正反转和转矩的目的；并将电机控制系统运行状态的信息发送给整车控制器。电机控制器内含功能诊断电路，当诊断出异常时，它会激活一个错误代码，发送给整车控制器。电机控制系统通过以下传感器来提供电机的工作信息。

1）电流传感器：检测电机工作的实际电流（包括母线电流、三相交流电流）。

2）电压传感器：检测供给电机控制器工作的实际电压（包括高压电池电压、蓄电池电压）。

3）温度传感器：检测电机控制系统的工作温度（包括模块温度、电机控制器温度）。

4. 整车控制器（VCU）

整车控制器 VCU（Vehicle Control Unit）（图 1-21）是电动汽车专用微机控制器，由微处理器（CPU）、存储器（ROM、RAM）、输入/输出接口（I/O）、模数转换器（A/D）以及整形、驱动等大规模集成电路组成。整车控制器和车辆其他系统的控制单元（如动力电池控制单元、电机控制单元、外围驱动模块等）通过 CAN 总线联系起来。

整车控制部分主要是判断操纵者意愿，根据车辆行驶状态和电池、电机系统的状态，以及各系统传感器传出的信息，依据内存的

图 1-21　整车控制器

程序和数据，进行运算、处理、判断，然后输出指令到电机控制器，控制驱动电机的转向、转速和转矩；控制电动空调系统以及其他外围系统的工作。

5. 充电系统

充电系统是新能源汽车主要的能源补给系统，分为常规充电（俗称"慢充"）和快速充电（俗称"快充"）两种方式。

1）慢充系统使用交流 220V 单相民用电，通过整流变换，将交流电变换为高压直流电给动力电池进行供电。慢充系统的主要部件有供电设备（电缆保护盒、充电桩和充电线等）、慢充接口、车内高压线束、高压配电盒、车载充电机、动力电池等，车载充电机如图 1-22 所示。车载充电机（On－board Charger）相对于传统工业电源，具有效率高、体积小、耐受恶劣工作环境能力强等特点。车载充电机工作过程中需要协调充电桩、BMS 等部件。

2）快充系统一般使用工业 380V 三相交流电，通过功率变换后，直接将高压大电流通过母线给动力电池进行充电。快充系统的主要部件有电源设备（快充桩）、快充接口、车内高压线束、高压配电盒、动力电池等。

快充与慢充的工作原理如图 1-23 所示，各模块间通过 CAN 总线进行通信。

6. DC/DC 变换器

汽车转向助力电机、制动系统电机以及车身电气（包括灯光、仪表、信号、风扇电机等）需要 12V 直流电，高压系统的控制部分也需要用 12V 直流电，因此汽车必须配备 12V 蓄电池，必须有为 12V 蓄电池充电的系统，以便把动力电池提供的 320V 以上的直流电，转

换为 12V 直流电的装置——DC/DC 变换器。DC/DC 变换器安装于前机舱，如图 1-24 所示。

项目	参数
输入电压	220V×(1±15%)AC
输出电压	240～410V DV
效率	满载大于90%
冷却方式	风冷
防护等级	IP66

图 1-22　车载充电机及参数

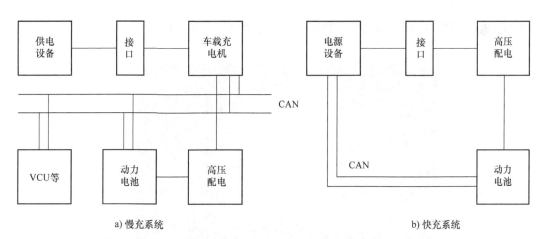

a) 慢充系统　　　　　　　　　　　　　　　　　　　b) 快充系统

图 1-23　充电系统工作原理框图

图 1-24　DC/DC 安装位置

DC/DC 变换器将动力电池的高压直流电转换为 13.8～14V 低压电给蓄电池和低压系统

15

供电，具有效率高、体积小、耐受恶劣工作环境能力强等特点，如图 1-25 所示。

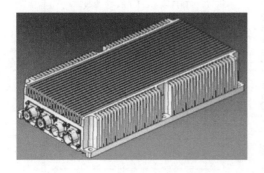

项目	参数
输入电压	240～410V DC
输出电压	14V DC
效率	峰值大于88%
冷却方式	风冷
防护等级	IP67

图 1-25　DC/DC 变换器及参数

7. PDU 总成

PDU 总成（图 1-26）是新款 EV160 最主要的变化，主要特点有：

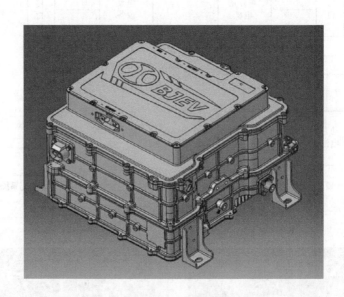

图 1-26　PDU 总成

（1）PDU 是将车载充电机模块、DC/DC 变换器模块、PTC 控制器及高压配电模块集成的产品，它将原本生产过程中需要多次装配的部件进行集成化设计，提高装配效率和生产效率。

（2）PDU 集成化设计将原本大量的高压线束优化后，在内部母排中集成体现，提高了高压母线的屏蔽效果。

（3）PDU 的各个接口根据整车的需求进行定制化设计，且 PDU 的高低压线束较为简易，提高了高压线束的装配便捷性和可靠性。

目前，为了实现整车动力系统提升，提高运行可靠性，北汽新能源又将 PDU 和电机控制器进行了集成化设计，研发出"四合一"的 PEU 集成模块，如图 1-27 所示。此模块已经应用在北汽新能源 EU 系列乘用车上。

图 1-27　北汽新能源 EU 系列 PEU "四合一"集成模块

8. T－BOX

T－BOX（图 1-28）继承老款车型数据采集终端功能，通过车辆总线网络实时采集车辆数据信息，并根据需要存储到产品内部的存储介质中，传送到监控平台，支持发送远程控制命令，对充电及空调进行远程控制。

图 1-28　T－BOX 模块

此外，T－BOX 还提供网络支持大屏的各项在线娱乐功能及车载 WiFi。T－BOX 组成包括：T－BOX、T－BOX 通信天线、T－BOX GPS 天线。通过 T－BOX 的指示灯可初步判断其工作状态。

运行灯功能说明：

① 常灭：无电源、电源异常、已休眠。

② 常亮：终端运行异常。

③ 正常闪烁（1Hz）：正常运行。

④ 慢闪（0.5Hz）：休眠中。

17

故障灯功能说明：

① 常亮：当前有故障。

② 常灭：当前无故障。

③ 闪烁（2Hz）：系统自检中。

同之前的数据采集终端一样，T-BOX 在装配过程中需要记录壳体上的条形码和对应装配的车辆 VIN 码（装配关系信息用于平台注册绑定）。

1.2.4 比亚迪 e5 结构简介

1. 比亚迪 e5 高压电控总成（四合一）

（1）外部特征 该车型的高压电控总成，又称"四合一"，集成了两电平双向交流逆变式电机控制器模块 VTOG、车载充电器模块、DC/DC 变换器模块和高压配电模块以及漏电传感器，如图 1-29 所示，其外部接口说明见表 1-2。

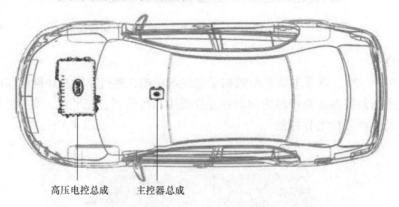

高压电控总成　主控器总成

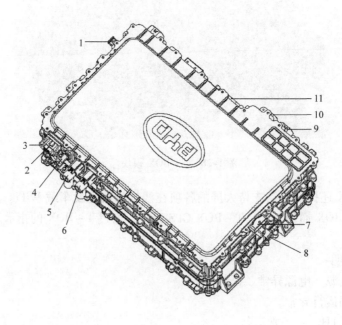

图 1-29　比亚迪 e5 "四合一" 模块

表 1-2　高压电控总成外部接口说明

编号	部　件	编号	部　件
1	DC 直流输出插接器	7	64pin 低压接信号插件
2	33pin 低压信号插接器	8	入水管
3	高压输出空调压缩机插接器	9	交流输入 L2、L3 相
4	高压输出 PTC 插接器	10	交流输入 L1、N 相
5	动力电池正极母线	11	驱动电机三相输出插接器
6	动力电池负极母线		

（2）内部结构　比亚迪 e5 高压电控总成采用内部集成设计，如图 1-30 所示，主要包括双向交流逆变式电机控制器（VTOG）、高压配电箱、漏电传感器、车载充电器（在高压电控总成下层）和 DC/DC 变换器。其主要功能有：

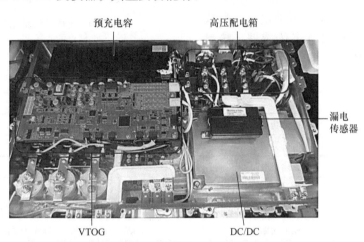

预充电容　　　高压配电箱

漏电传感器

VTOG　　　　DC/DC

a) 正面

b) 背面

图 1-30　比亚迪 e5 高压电控总成内部结构

① 控制高压交/直流电双向逆变，驱动电机运转，实现充、放电功能（VTOG、车载充电器）。

② 实现高压直流电转化低压直流电为整车低压电器系统供电（DC/DC）。

③ 实现整车高压回路配电功能以及高压漏电检测功能（高压配电箱和漏电传感器模块）。

④ 直流充电升压功能。

⑤ CAN 通信、故障处理记录、在线 CAN 烧写及自检等功能。

1）双向交流逆变式电机控制器（VTOG）。VTOG 整体结构主要包含 1 块控制板、1 块驱动板、1 块采样板、1 个用于平波薄膜电容、DC 模块的电感和电容、3 个交流滤波电感、3 个交流滤波电容、泄放电阻、预充电阻、霍尔电流传感器、接触器等元器件，如图 1-31 所示。VTOG 电气特性见表 1-3。

图 1-31 VTOG 内部结构

表 1-3 VTOG 电气特性

驱动电机控制器	最大功率	180kW
	额定功率	90kW
	电机类型	永磁同步电机
	额定输出电流	135A
	额定工作点效率	97%
	高压输入电压	400～760V DC（从 720V DC 开始限功率）
交流充电	充电功率	40kW（三相输入）/7kW（单相输入）
	额定点充电效率	96%
	交流输入电压	单相：84～300V AC
		三相：145～520V AC
	直流侧输出电压	390～760V
	被动泄放	断电后高压电 2min 之内降到 <60V DC
	主动泄放	断电后高压电 5s 之内降到 <60V DC
	工作电压	10～16V DC（额定 12V DC）
	工作电流	<3.5A
	静态功耗	<2mA

2）高压配电箱。高压配电箱要完成动力电池电源的输出及分配，其上游是动力电池组，下游包括双向交流逆变式电机控制器（VTOG）、DC/DC 变换器、PTC 水加热器、电动压缩机、漏电传感器。有时也将 VTOG 和车载充电器的高压直流电分配给动力电池组，实现对支路充电器的保护和切断。高压配电箱内部主要由铜排连接片、接触器、霍尔电流传感器、预充电阻、动力动力电池组正负极输入组成，其中接触器由电池管理器控制，控制充放电，如图 1-32 所示。

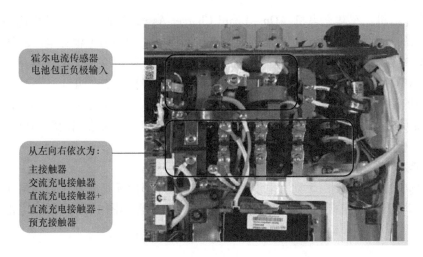

图 1-32　比亚迪 e5 高压配电箱内部结构

　　左右两侧有两个霍尔电流传感器，左边的监测 VTOG 直流侧电流大小，右边的监测动力电池组进出总电流。图 1-32 中从左至右的五个接触器依次为放电主接触器、交流充电接触器、直流充电正极接触器、直流充电负极接触器和预充接触器。

　　3）漏电传感器 LS。比亚迪 e5 车型的高压电控总成内部装配有漏电传感器。它本身也是一个动力网 CAN 模块，通过监测与动力电池输出相连接的正母线和车身底盘之间的绝缘电阻来判定高压系统是否存在漏电，漏电传感器将绝缘阻值信息通过 CAN 信号发送给电池管理器、VTOG，以采取相应保护措施，如图 1-33 所示。

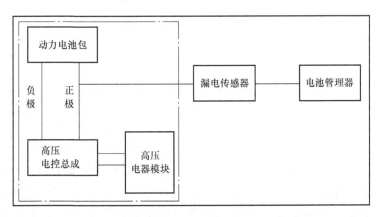

图 1-33　漏电传感器系统框图

　　当漏电传感器检测到绝缘阻值小于设定值时，通过 CAN 总线和硬线同时将漏电信号发给 BMS，BMS 进行漏电相关报警和保护控制。漏电的硬线信号是一种拉低信号，即当 LS 检测到漏电时，BMS 的漏电信号端子是低电平，由 LS 拉低。通过大致计算也能得出严重漏电结论，即将绝缘阻值/动力电池组电压（Ω/V）与 500Ω/V、100Ω/V 进行比较即可。

　　另外，漏电传感器的工作电源是双路电，因为无论是放电还是充电过程，都是需要监测高压系统的绝缘情况的。

21

4）车载充电机。车载充电机（On – Board Charger Assy，简称 OBC）的作用是将交流充电口传递过来的交流电（220V/50Hz）转换为直流高压电，为动力电池充电。3.3kW 功率以内的单相交流充电均是通过 OBC 进行的，而功率大于 3.3kW 的交流充电（含单相和三相交流）是通过 VTOG 进行的。实际上比亚迪 e5 出租车版装配的"四合一"中不带 OBC，3.3kW 以内功率的单相交流充电也是通过 VTOG 进行的。但比亚迪 e5 家用车版加装了 OBC，这主要是因为与出租车相比，家用车充电场所不固定，经常会利用家用电网小功率充电；而小功率充电时，OBC 的效率比 VTOG 要高一些。

2. 比亚迪 e5 电池技术

（1）外部特征　比亚迪 e5 动力电池系统最显著的外部特征是其使用的高电压导线或高电压接口和 12V 车载网络接口，布置在整车地板下面，位置如图 1-34 所示。电池类型为磷酸铁锂电池，容量为 47.5kW·h，其特性见表 1-4。

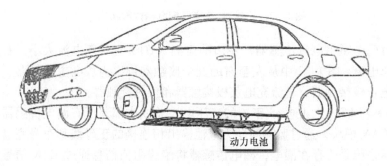

图 1-34　比亚迪 e5 动力电池组安装位置

表 1-4　比亚迪 e5 动力电池组特性

电池模组容量	75A·h
额定电压	633.6 V
储存温度	−40~40℃，短期储存（3 个月）25%≤SOC≤40%
	−20~35℃，长期储存（<1 年）30%≤SOC≤40%
重量	≤490kg

1）机械特征。动力电池组的密封盖一般通过几十个螺栓加密封胶以机械方式与托盘连接在一起。在动力电池组的密封盖上一般粘贴有几个提示牌，包括一个型号铭牌和两个警告提示牌。型号铭牌提供逻辑信息（例如电池参数标签和电池编号）和最重要的技术数据（例如额定电压）。两个警告提示牌提醒注意动力电池组采用锂离子技术且电压较高以及可能存在的相关危险。图 1-35 展示了动力电池组上提示牌的安装位置和托盘螺栓紧固力矩。

2）电气接口

① 高电压接口。在动力电池组上带有一个 2 芯高电压接口，动力电池组通过该接口与高电压车载网络连接，如图 1-36 所示。

围绕高电压导线的两个电气触点还各有一个屏蔽触点。这样可使高电压导线屏蔽层（每根导线各有一个屏蔽层）一直持续到动力电池组密封盖内，从而有助于确保电磁兼容性 EMV。

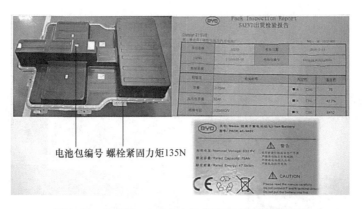

图 1-35　比亚迪 e5 动力电池组密封盖上的提示牌

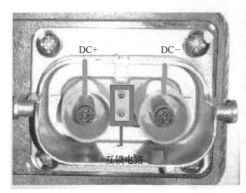

图 1-36　比亚迪 e5 动力电池组高电压接口

② 12V 车载网络接口。12V 车载网络接口为集成式控制单元提供电压、总线信号、传感器信号和监控信号，如图 1-37 所示。

③ 高压电缆。直流电缆组件由两根绝缘的高压电缆组成，用来连接动力电池组和变频器。由于大部分混合动力汽车的高压电缆位于汽车底盘下（夹在动力电池组和底盘之间），因此它能受到很好的保护，避免碰撞路面引起的损坏；而纯电动汽车和一些插电式车辆安装的电池组要大得多，往往要延长到车辆前部的位置，所以其高压电缆通常会比混合动力汽车中的短一些。电池高压电缆从电池端输出，高压电控总成端输入，如图 1-38 所示。

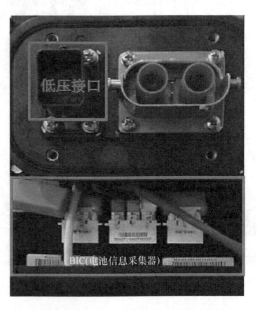

图 1-37　比亚迪 e5 动力电池组低电压接口

23

图 1-38　比亚迪 e5 电池高压电缆

（2）内部结构　比亚迪 e5 电池组由电池模组、动力连接片、连接电缆、电池采集器、采样线、电池组固定压条、密封条等组成，内部结构如图 1-39 所示。

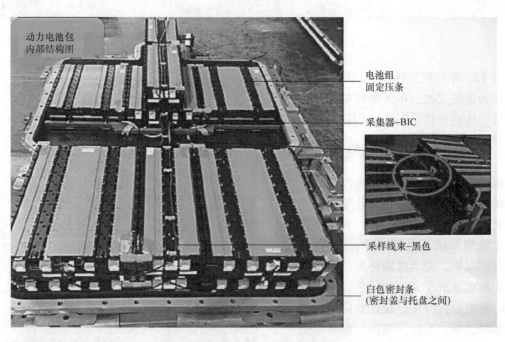

图 1-39　比亚迪 e5 电池组内部结构

1）电池模组。磷酸铁锂电池的单体电池标称电压是 3.2V，充电终止时的最高电压为 3.6V，最低放电电压为 2.0V。如图 1-40 所示，比亚迪 e5 的电池由 13 个模组串联组成，总电压为 633.6V，容量为 75A·h，电池组高压接口在 1#电池负极、13#电池正极。13 号模组在 1 号的上层，12 号模组在 11 号的上层，6、7、8 号模组分别在 5、4、9 号的上层。单列电池模组和双列电池模组分别见图 1-41 和图 1-42。

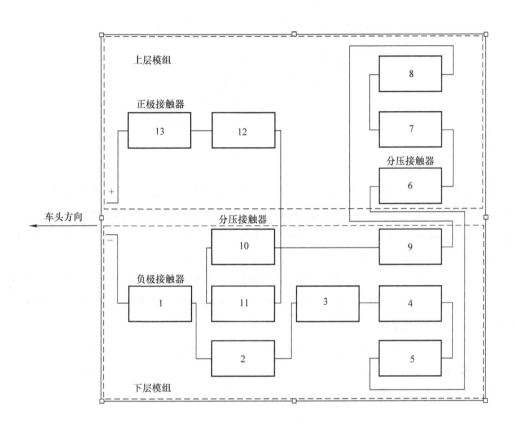

图 1-40　比亚迪 e5 电池模组结构

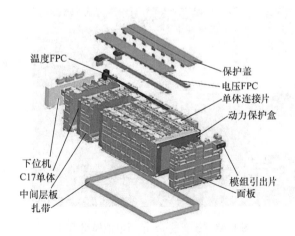

图 1-41　比亚迪 e5 单列电池模组

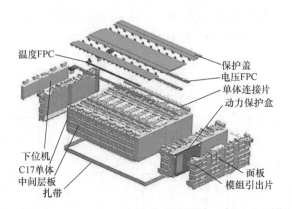

图 1-42　比亚迪 e5 双列电池模组

2）电池信息采集器 BIC。混合动力汽车和纯电动汽车基本都有一个精密模块，专门用于监控电池组传感器测量的数据和电池性能。不同车辆的模块名称可能会不一样，比亚迪 e5 的称为 BIC（Battery Information Collector），即电池信息采集器。现在许多电动汽车的电池管理系统（BMS）中也包括 BIC。

使用 BIC 监测和报告电池组数据的同时，使用另一模块来控制调节电池组。通常情况下，数据被报告给汽车主驱动系统的 ECU，然后主 ECU 根据工作条件和驾驶人的需求命令电池进行相应的充电或放电。

如果出现单体电池、电池模组或部分电路的电压不平衡，部分带充电系统的电池还可以用 BIC 来均衡电池电压。比亚迪 e5 的单列和双列模组主要是进行电压、温度和通信信号的采集。图 1-43 和图 1-44 所示中的下位机即为 BIC 的安装位置。

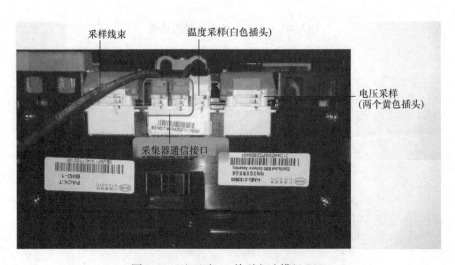

图 1-43　比亚迪 e5 单列电池模组 BIC

3）传感器。通常情况下，电池信息采集器 BIC 至少要依据单体电池或模块电压、电池

图 1-44　比亚迪 e5 双列电池模组 BIC

组总电流、单体电池或电池模组的温度来计算荷电量（SOC）。

① 电压检测电路。动力电池组的电压传感器能在电池组的多个测量点进行电压测量，并比较电池模组不同部分的性能，以确认电池模组有无失去平衡。电压传感器测量单个单体电池的电压，也测量电池模组或动力电池组的电压。这使 BIC 能够对电池进行分段监测，每一段的电压和电量应该大致相同。BIC 与每个检测点（通常是被测的单体电池或电池模组的正负极端子）之间通过电压传感线相连接。

② 温度传感器。动力电池组使用多个温度传感器来监测电池温度。大多数电池控制系统在以下情况下会需要使用动力电池组温度：

* 当计算电池组荷电量（SOC）时。
* 当计算充电和放电的最大比率时。
* 为了检测动力电池组温度是否过低。
* 为了检测动力电池组温度是否过热。
* 为了评估动力电池组冷却系统的性能。

③ 电流传感器。有许多类型的传感器，例如互感器或分流器，可被用来测量动力电池组的输入和输出电流。电流传感器一般安装在靠近电池组的位置，通常是在电池组的密封箱内，用于检测流入动力电池组的安培数。通常将动力电池组的电流表示成正值或负值，单位为安培（例如：42A、-87A），以显示电池组处于充电状态还是处于放电状态。

4）接触器。纯电动汽车或混合动力汽车的动力电池组通过高压接触器与车辆的变频器相连，至少有一个高压主接触器，有些制造商把它称为高压主继电器，工作原理相同。通过接触器接通的功率非常高，接通范围从 500W 直至几百 kW。高压主接触器通常有以下几个功能：

① 汽车上电时（READY UP），将动力电池组连接到变频器。

② 允许高压电流在电池组和变频器之间流通。

③ 驱动系统被关闭时，断开动力电池组与变频器的连接。

27

④ 车辆紧急停车时,断开动力电池组与变频器的连接。

动力电池组通常包含 3 个主接触器:SMRB 负责控制高压供电正极,SMRG 负责控制高压供电负极,SMRP 与预充电组一起负责给高压系统预充电。由于供电初期要对变频器中的电容充电,如果不加以限制导致充电电流过大,会对高压部件产生很大的冲击,因此需要预充电阻对充电电流进行限制。

比亚迪 e5 的动力电池组内部有 3 个接触器(影响电池组是否可以串联)和 2 个分压(预充)接触器,如图 1-45 所示。

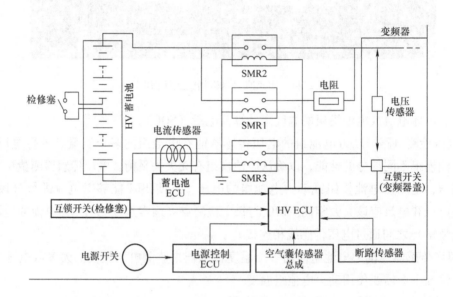

图 1-45 比亚迪 e5 动力电池组内部接触器

1.3 新能源汽车售后服务中心

新能源汽车还处于新生阶段,很多性能需要完善。在这一阶段,售后服务是保障新能源汽车正常行驶的基本手段,也是让市场对新能源汽车及企业有一个良好认识的重要途径,所以相比传统汽车的售后服务,新能源汽车的售后服务更为重要,任务也更加艰巨。

售后服务是新能源汽车流通过程中一个非常重要环节,也是一项非常复杂的工程,包括新能源汽车销售以后有关新能源汽车的零部件供应、维修维护服务、维修技术培训、技术咨询指导、市场信息反馈、事故索赔、资料保障等与产业和市场有关的一系列内容。

作为新能源汽车销售经营的重要组成部分,售后服务不仅是一种经营,更是体现企业对客户的人文关怀与情感投入,是一种理念和文化,是生产商与客户联系、沟通的纽带。生产商可以通过它与客户建立更加紧密的关系,提高产品的信誉,树立企业的形象,培养客户的忠诚度,扩大产品的影响。但它是一把双刃剑,既可能对市场推广产品销售、品牌信誉及影响起到促进作用和有力的支持,也可能使品牌信誉下降、产品滞销,甚至使品牌的信誉扫地。现阶段新能源汽车售后服务的主要内容包括故障救援、维修维护、信息反馈、技术咨询、保修、服务质资跟踪、纠纷处理等。

1.3.1　新能源汽车售后服务中心的组织机构

新能源汽车销售服务中心的组织机构如图 1-46 所示，根据新能源汽车售后服务中心不同科室所涉及的业务领域，其职能职责见表 1-5。

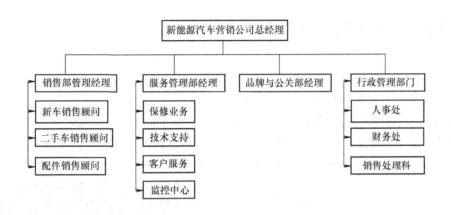

图 1-46　新能源汽车销售服务中心的组织机构

表 1-5　业务领域

业 务 领 域	职 能 职 责
营销公司	统筹售后服务部的各项工作
客户服务室	客户关系维护 车辆档案管理 抱怨闭环管理 关键客户维护 服务活动实施 监控平台运维 客服热线管理 满意度调研
技术支持	技术文件的编写及内部培训工作 示范运行车辆维护及现场事故处理，现场解答用户问题及信息反馈，召回车辆的归口管理 与产品工程院对接，对返厂维修的车辆进行全程监控，汇总报至监控中心建档
监控中心	监控平台及数据的管理，示范运行车辆周报及月报的编制及报批 客服电话接听及回访，车辆维修及保养提醒

29

（续）

业 务 领 域	职 能 职 责
备件管理科	服务采购、销售 备件技术和物流管理
保修业务	保修业务流程制定和执行 保修返回键管理 保修费用追索和分摊管理 保修业务审批

1.3.2 新能源汽车售后服务中心设置

1. 功能布置

新能源汽车售后服务中心场地布置按照功能可分为三部分，如图1-47所示。

① 业务接待区、客户休息区、培训会议室；

② 备件库、旧件库、员工休息室、工具资料室、动力电池库、空压机房；

③ 维修车间、待修区、竣工区（可充电）、充电区、洗车区等，其中维修车间包括举升四轮定位、饭金维修、总成维修、车身校正、电池维修、油漆工位等。

图1-47 新能源汽车售后服务中心功能布置

2. 岗位布置

表1-6所示为新能源汽车售后服务中心岗位布置。

表1-6 新能源汽车售后服务中心岗位布置

	主 要 岗 位	a/b/c 级	
		最 低 标 准	配 置 要 求
1	服务经理	1	专职1人
2	服务主管	1（可兼职）	$n>10$ 时，专职1人
3	服务接待	2	月进厂量每增加300台增加1人
4	洗车工	1	月进厂量每增加450台增加1人
5	技术主管	1	专职1人
6	质量检验员	1（可兼职）	$n>10$ 时，专职1人；月进厂量每增加900台，增加1人
7	机电技师	3	月进厂量每增加150台，增加1人
8	钣金技师	1	合计约为机电技师数量的1/2
9	喷漆技师	1	

（续）

主要岗位		a/b/c 级	
		最低标准	配置要求
10	配件主管	1	专职 1 人
11	配件计划员	1（可兼职）	$n > 10$ 时，专职 1 人
12	库房管理员	1（可兼职）	$n > 10$ 时，专职 1 人
13	工具管理员	1（可兼职）	$n > 10$ 时，专职 1 人
14	客服主管	1	专职 1 人
15	客服专员	1（可兼职）	$n > 10$ 时，专职 1 人
16	索赔员	基本备制 1 人（以月质量担保单据 400 份为基数，月质量担保单据每增加 200~400 份增加 1 人配置标准）	
	合计	13	

注：1. n 为日进站车辆台数。

2. 行政、财务及客户休息室服务人员等其他一般人员不在本表单所列人员之列，服务商因根据业务开展的需要配备。

3. 兼职原则：平级互兼，上级兼下级。

3. 新能源汽车专用工具设备配置

新能源汽车售后服务中心专用工具设备配置见表 1-7。

表 1-7　新能源汽车专用工具设备配置

序号	工具、仪器名称	用途	序号	工具、仪器名称	用途
1	故障诊断仪	故障代码读取、数据刷写	8	放电工装	电容余电释放
2	动力电池举升车	拆装电池	9	护目镜	防止电弧伤眼
3	电池货架	存放电池	10	高性能绝缘表	检测高压系统绝缘性能
4	手动堆高车	装卸转运电池	11	高性能数字万用表	高压、低压电器及电路检测需要
5	绝缘工具	高压部件拆装	12	非接触式红外温度仪	检测高压端子工作温度
6	绝缘手套	高压部件拆装	13	端子测试工具	线束端子状态测试
7	绝缘垫	举升机地面绝缘	14	水基灭火器	高压电池火警防范

1.3.3　新能源汽车售后服务中心理念

汽车售后服务核心流程体现以"客户为中心"的服务理念，提升客户的忠诚度，规范所有面对客户的服务行动，以提升服务效益。针对客户对汽车销售服务中心的需求，曾做过一次有代表性的市场研究，研究表明客户需求的顺序为：

（1）高质量、专业化地完成工作。

（2）对员工有足够的信任。

（3）能立即解决投诉的问题。

（4）只将客户确实必要的东西销售给客户。

（5）按约定的时间完成工作。

（6）专业化业务咨询。

（7）快速顺畅的流程。

31

（8）适当的性价比。

（9）极其友善的服务态度。

（10）感到作为客户很受欢迎。

（11）配备最新的技术。

（12）先进的维修服务。

（13）注重环保。

（14）能得到整体团队的帮助。

（15）现代化、专业化的印象。

（16）舒适的氛围。

（17）整洁的环境。

（18）取车时车辆保持整洁。

（19）设施一目了然，可轻松地找到所需的一切。

（20）始终保持同样的联系人。

（21）企业主能够亲自关心客户。

（22）多种多样的附件选择。

（23）在等候的时间可以享受舒适的座椅、阅读的咖啡。

以北汽新能源汽车股份有限公司为例介绍其售后服务中心管理理念。图 1-48 所示为北汽新能源汽车股份有限公司售后服务中心的 LOGO。

图 1-48　北汽新能源汽车股份有限公司售后服务中心的 LOGO

1.4　新源汽车维保工作概述

1.4.1　新能源汽车维保工作流程

汽车售后服务中心经营流程是指从客户委托保养或维修车辆，到保养或维修完毕，车辆交付客户的整个工作步骤的逻辑顺序。

保养或维修工作需要以下人员共同参与完成，相应的工作职责见表 1-8。

表 1-8　员工岗位及工作职责

序号	员 工 岗 位	工 作 职 责
1	服务顾问	与客户沟通，接受任务
2	车间主管	管理车辆维修，分配工作任务
3	车辆维修工	进行维修、保养工作
4	财务	完成结算工作

针对车辆维修与保养工作的任务，不同工作岗位之间的工作关系如图1-49所示。

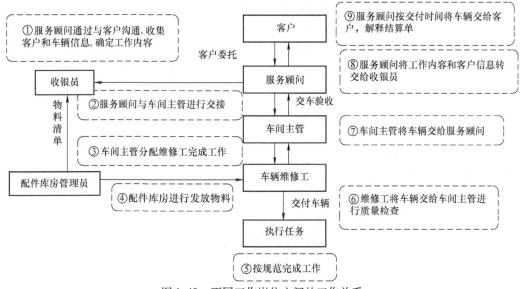

图1-49　不同工作岗位之间的工作关系

新能源汽车维修与保养的工作流程，大体分为六步：

（1）预约排班：由车间主管、备件主管配合服务顾问完成。

（2）接车预检：配合服务顾问完成迎宾、预检环节，协助服务顾问确认客户车辆的疑难故障，对属于索赔范畴的维修项目进行鉴定。

（3）接单派工：车间主管按照接车及派工规范，充分利用维修产能，把要进行的维修工作安排给合适的维修技师，提高劳动效率。

（4）维修及质检：车间主管规范车间人员的维修作业，明确维修及质检的关键动作及执行要点，提高客户车辆的一次修复率。

（5）终检及车辆清洁：规范服务站终检及返工处理的工作流程要点，确保客户车辆的维修质量，减少因维修质量导致的客户抱怨及投诉，树立服务站经营口碑。

（6）内部交车：规范质检员和服务顾问之间的交接步骤，明确交接的执行要点，保障车间与前台维修信息的有效传递，确保维修单据及相关旧件交付的完整性。

1.4.2　新能源汽车维护相关政策

1. 维护政策

以北汽新能源汽车股份有限公司为例，公司为客户提供首次车辆免费维护，维护间隔见表1-9。

表1-9　北汽新能源维护政策

保养类别	保养项目	累计行驶里程/km					
		10000	20000	30000	40000	50000	以此类推
A级保养	全车保养	√		√		√	
B级保养	高压安全检查		√		√		√

2. 整车质保

北汽新能源汽车零部件的质保见表1-10。

表1-10　北汽新能源公司汽车零部件质保项目

零部件分类	主要零部件名称	质保时间/里程	车型
基础件	车身骨架、副车架、前/后纵梁、横梁、（左/右）前后车门本体	10 年/20 万 km	营销公司销售车型
核心件	驱动电机及控制器、动力电池、整车控制器、车载充电机、空调压缩机及控制器、电动助力转向机及控制器、DC/DC 变换器、高压控制盒	6 年/15 万 km SK 电池车辆：6 年/20 万 km	
一般件	基础部件、核心部件和易损件以外的其他零部件	营运车辆：1 年/10 万 km 非营运车辆：3 年/8 万 km	
易损易耗件	空调滤清器、制动摩擦片、轮胎、灯泡、刮水器片、熔断器及普通继电器（不含集中控制单元）、蓄电池、遥控器电池等	6 个月/5000km	

实 训 项 目

在《新能源汽车使用与维护》的理论指导下，按照安全作业规范和流程进行实车部件认知，通过实践与理论的结合增强学生的用电安全意识和操作技能的提高，为后续的整车拆装和维修工作打下基础。

在实操过程中，让学员养成维修电动汽车始终要保证"安全第一，预防为主"的意识，在工作时必须穿戴好必要的安全护具，正确使用绝缘工具，掌握放电工装的使用方法及对工作场地应采取的安全措施和设置技能。

实训1　纯电动汽车结构认知

一、实训目标

学员能够了解绝缘安全护具及工具的用途，并在老师的指导下正确使用，避免出现安全事故；学员能够判断实操环境是否符合安全操作规范及要求。

二、材料与工具

警示标志，警示隔离带，遮栏；绝缘手套（等级 1000V/300A 以上），绝缘帽，绝缘鞋，防护镜；绝缘工具；培训用车、翼子板布、举升机、转向盘套、座椅套、脚垫。

三、注意事项

请务必按照老师的指导，合理使用绝缘安全护具，并严格按示范动作操作，做到安全、正确，并防止在实操过程中造成总成或车辆的损坏。

四、实操步骤

（1）操作前的准备

1）设置警示标志，警示隔离带，遮栏。

2）铺设转向盘套、座椅套、脚垫。

3）打开汽车前舱盖，铺设翼子板布。

（2）认知舱内部件

1）将前舱内各部件（图 1-50）名称填入下面横线：

1. _____　　2. _____　　3. _____　　4. _____

5. _____　　6. _____　　7. _____　　8. _____

9. _____　　10. _____　　11. _____

图 1-50　EV150 前车舱视图

2）举升车辆至高位，认知车身下方部件（图 1-51）。

12. _____　　13. _____　　14. _____

图 1-51　EV150 车辆下方视图

注意：为了保证安全，举升机应采用龙门式举升机或四柱举升机，严禁使用简易举升机。使用龙门式举升机时，应检查各支撑脚垫外观及高度。

（3）掌握各部件功能

1）图 1-52 所示部件是_____，其主要功能是_____

_____

_____。

图 1-52　纯电动汽车部件 1

2）图 1-53 所示部件是_____，其主要功能为_____

_____

_____。

图 1-53　纯电动汽车部件 2

3）图 1-54 所示部件是_____，其主要功能为_____

_____

_____。

图 1-54　纯电动汽车部件 3

4）图 1-55 所示部件是_____，其主要功能为_____

_____

_____。

图 1-55　纯电动汽车部件 4

5）图 1-56 所示部件是_____，其主要功能为_____

_____

_____。

图 1-56　纯电动汽车部件 5

6）图 1-57 所示部件是_____，其主要功能为_____

_____

_____。

图 1-57　纯电动汽车部件 6

7) 图 1-58 所示部件是_____，其主要功能为_____

_____

_____。

图 1-58　纯电动汽车部件 7

8) 图 1-59 所示部件是_____，其主要功能为_____

_____

_____。

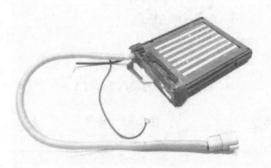

图 1-59　纯电动汽车部件 8

（4）实操

现场整理 5S 作业

第 2 章 ▶▶▶▶▶▶

正确驾驶与使用电动汽车

学习目标

- 了解电动汽车起动方法。
- 了解电动汽车换档方式、换档设置和仪表盘。
- 掌握电动汽车的正确驾驶方法和注意事项。
- 掌握电动汽车起火、拖车和磕碰底盘时的处理方法。

电动汽车依靠动力电池输出电能驱动车辆行驶，具有零排放、节能环保和操作简单等特点。与传统燃油汽车不同，电动汽车没有手动档和自动档之分，它依靠电机带动减速器改变车辆行驶的快慢和方向，不需要离合器来切断和传递动力。电动汽车的驾驶方法更加简单、方便。

2.1 车辆起动

起动开关如图 2-1 所示，分为 4 个档位。

LOCK：拔下起动钥匙，锁转向盘锁止，此时大多数电路不能工作。

ACC：转向盘解锁，个别电器和附件可以工作。

ON：高压通电，所有仪表、警告灯和电路工作。

① 当钥匙转动到 ON 档时，至少停 3~5s，使整车通电并完成自检，观察仪表显示正常后，再转动钥匙至 START 位置。

② 当车辆起动时，应踩着制动踏板转动钥匙至 START 位置。

③ 电动汽车刚起动时会有"嗡嗡"的响声，这是水泵的声音，不影响正常使用。

图 2-1　起动开关

④ 变速杆处于驻车档或空档（P/N）位置才能起动汽车，当变速杆处于其他位置时，车辆无法起动。

2.2 换档方式和档位设置

电动汽车的换档方式有变速杆式换档和旋钮式换档两类。北汽新能源 E150EV 电动汽车使用的是变速杆式，EV200 电动汽车使用的是旋钮式。

2.2.1 变速杆式

变速杆式有三个档位位置（图2-2）：D、R、N。

（1）前进档 D：在换 D 位之前，应先踩制动踏板，否则档位选择无效。

（2）倒档 R：在选择倒档前，应确保车辆处于静止状态，然后踩下制动踏板，轻轻压下手柄，再挂档。

（3）空档 N：在选择空档前，确保车辆处于静止状态。

2.2.2 旋钮式

（1）前进档 D：在旋转到 D 位之前，应先踩下制动踏板，否则档位选择无效，如图2-3所示。

（2）倒档 R：在旋转到 R 位之前，要确保车辆处于静止状态。踩下制动踏板后，将旋钮旋至 R 位。

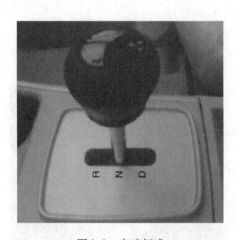

图2-2　变速杆式

图2-3　旋钮式

（3）空档 N：在选择空档前，确保车辆处于静止状态。

（4）经济模式 E：旋至 E 位时踩下制动踏板，会有制动能量回收功能。左侧 E＋和 E－在 E 位有效，表示制动能量回收强度。其中，旋钮旋到当前档时对应字母显示冰蓝色，其余档位字母为白色。

1）当车辆静止时，驾驶人进行换档操作的同时必须踩下制动踏板才能换档成功。如果未踩下制动踏板，仪表显示当前换档旋钮的物理档位并闪烁，此时需换至 N 位，重新进行换档操作。

2）车辆运行中，当车速低于 5km/h 且不为 0 时，驾驶人进行换档操作，D－R 位、E－

R 位或者 R－D 位、R－E 位不需要踩制动踏板；当车速高于 5km/h 时，D－R 位、E－R 位或者 R－D 位、R－E 位之间转换，仪表显示当前档位位置并闪烁，整车不响应加速需求。

【课外知识】

制动能量回收：车辆减速或制动时车轮带动驱动电机转动，此时驱动电机变成发电机产生电能为动力电池充电，达到能量回收利用的效果，同时辅助汽车的制动。

优点：① 有效增加续驶里程，最高可达 20%。

　　　② 制动平稳，缩短制动距离，提高制动效率。

　　　③ 减少制动蹄片磨损，延长使用寿命。

2.3　仪表盘认知

EV200 的仪表盘（图 2-4）能实时显示功率、数字车速、瞬时电耗、倒车雷达、动力电池电压、电流、驱动电机转速、平均电耗、保养里程、车外温度等 20 多项信息，让驾驶人及时获取车辆状况。

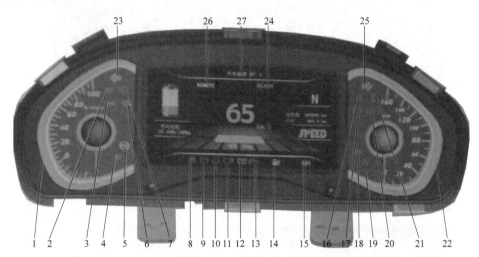

图 2-4　EV200 的仪表盘

1—驱动电机功率表　2—前雾灯　3—示廓灯　4—安全气囊指示灯　5—ABS 指示灯　6—后雾灯

7—远光　8—跛行指示灯　9—蓄电池故障指示灯　10—电机及控制器过热指示灯　11—动力电池故障指示灯

12—动力电池断开指示灯　13—系统故障灯　14—充电提醒灯　15—EPS 故障指示灯　16—安全带未系指示灯

17—制动故障指示灯　18—防盗指示灯　19—充电线连接指示灯　20—驻车制动指示灯　21—门开指示灯

22—车速表　23—左转向指示灯　24—READY（准备）指示灯　25—右转向指示灯

26—远程控制指示灯　27—室外温度提示

2.4　电动汽车驾驶操作

1）先将钥匙插入点火开关并转动到 ON 档，如图 2-5 所示。

2）系统自检后 "READY 灯" 点亮，表明车辆准备完毕，可以行驶，如图 2-6 所示。

3）检查 SOC 电量表，电量表分为十格，每格表示 10% 的电量。蓝色代表放电，绿色代

图 2-5　钥匙转到 ON 档

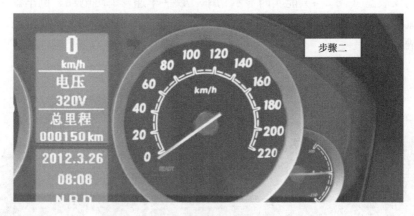

图 2-6　READY 灯点亮

表充电，如图 2-7 所示。

图 2-7　SOC 电量显示

4）踩下制动踏板，准备起动，如图 2-8 所示。

5）将换档杆换至 D 位，准备起动，如图 2-9 所示。

6）松开驻车制动，如图 2-10 所示。

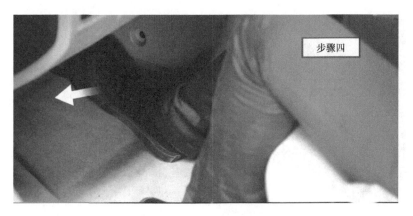

图 2-8 踩下制动踏板

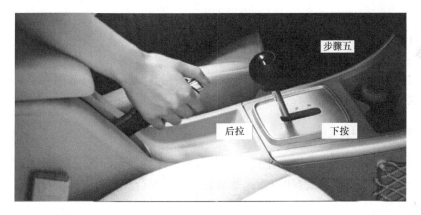

图 2-9 档位换至 D 位

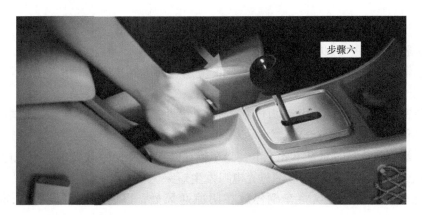

图 2-10 松开驻车制动

7）缓抬制动踏板，车辆行驶，如图 2-11 所示。

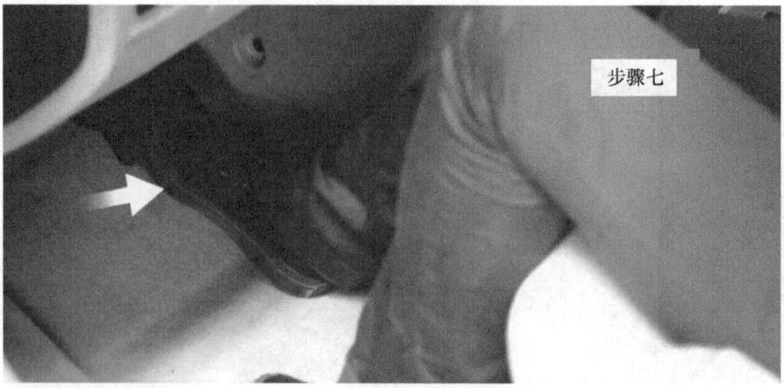

图 2-11　缓慢松开制动踏板

2.5　使用注意事项

动力电池是电动汽车的动力源，它的性能直接影响电动汽车的续驶里程。正确的驾驶方法对动力电池的使用寿命和电动汽车的续驶里程起到至关重要的作用。

2.5.1　夏季注意事项

1）雨季行车前应先做好检查，主要检查刮水器、车辆空调除雾功能是否正常。

2）行驶速度尽量不要超过60km/h；暴雨时尽量不要行驶，若一定要行驶，车速不应超过20km/h。

3）雨季车辆发生故障无法行驶后，应靠边停车，正确放置三角警示牌等待救援，严禁自行维修。

4）在泥泞路面行驶时，不要猛踩加速踏板，以免发生侧滑。

5）请勿驶入深水中，以免发生漏电或短路等事故。

6）当车辆被积水浸泡时，不要继续行驶，应迅速断电并离开车辆，并尽量不要与车身金属接触，以免发生触电。

7）避免高温下充电。考虑动力电池的温度特性，车辆高速行驶后，夏季建议停放30min后，在阴凉通风处进行充电。

8）当下暴雨或打雷时尽量不要充电。当车辆在露天或者地势较低的地方充电时，若开始下雨应终止充电，以免积水高度超过充电口发生短路。

9）避免车辆暴晒。建议将车辆停放在阴凉通风处，以防车内温度过高，造成安全隐患。

2.5.2　冬季注意事项

1）电动汽车在冬季低温行驶后，建议及时充电，避免因长时间停驶导致动力电池温度低，造成用电浪费和充电延时。

2）当车辆充电时，建议尽量将车辆停放在避风朝阳且温度较高的环境中。

3) 充电时预防雪水淋湿充电接口, 更不要将充电插头直接暴露在雪水中, 防止发生短路。

4) 避免因冬季气温过低导致充电异常等情况的出现, 建议在给车辆充电时先检查车辆充电是否开启。检查充电桩充电电流, 若充电电流达到 12A 以上, 说明充电已开启。

2.6 车辆起火及处理

车辆行驶中如果电机控制器出现故障, 元件温度失控、电线插头接触不良, 通电时打火引燃电线绝缘层及动力电池内部故障等都可能引起起火。当车辆起火时, 应按照图 2-12 所示步骤冷静处理起火事故。

迅速
停车

然后切
断电源

取下随车
灭火器

依据实际情
况采用不同
方式灭火

图 2-12 处理起火事故步骤

如果火势太大, 应迅速远离车辆并拨打报警电话。如果能确保无人身危险, 可以使用灭火器灭火进行灭火自救, 如图 2-13 所示。

电动汽车灭火不能使用水基灭火器, 应选用干粉灭火器或二氧化碳灭火器。正确使用灭火器主要分以下三步:

1) 提起灭火器 (若为干粉灭火器, 使用前先摇动数次, 使瓶内干粉松散)。

图 2-13 使用灭火器灭火

2) 拔下保险销, 压下压把。

3) 站在上风口, 在距火焰两米处对准火焰根部喷射。

2.7 拖车

1) 当车辆需要救援时, 应首选专业拖车公司, 不得盲目自行拖拽, 以免对车辆造成不可逆的损坏。

2) 如无专业拖车公司, 在保证安全的前提下, 选择自行拖车应保证车辆钥匙转到 ON 档, 变速杆置于 N 位。

3) 建议使用硬拖, 选择合适的拖车杆。在自行拖车时, 因车辆特性需控制拖车速度不超过 15km/h。

2.8 车辆磕到底盘的处理

在驶过凹凸不平的路面时，应减速通过，尽量避免磕到底盘的情况，一旦磕到底盘（图2-14），应立即停车然后进行以下操作：

1）检查动力电池外观是否发生损坏。

2）若无损坏，重新起动车辆行驶。

3）若发现车辆无法起动，应及时拨打售后服务电话，待救援人员赶赴现场处理。

图2-14 车辆磕到底盘

2.9 充电

作为以电能为动力的电动汽车，充电系统是电动汽车主要的能源补给系统，充电方式分为常规充电（俗称慢充）和快速充电（俗称快充）两种，如图2-15所示。这两种充电方式的区别见表2-1。

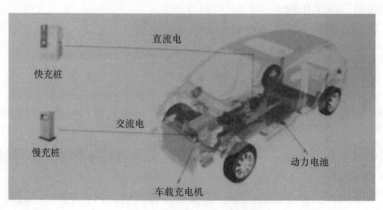

图2-15 快充和慢充两种方式

表 2-1　快充和慢充的区别

充电方式	快　　充	慢　　充
原理	充电机直接输出直流进行充电	车载充电机将交流充电桩的电源装车直流进行充电
设备	大功率非车载直流充电机	交流充电桩 + 小功率车载充电机
时间	时间短	时间长

以北汽新能源 EV200 电动汽车为例，该车有两个充电口，一个快充口和一个慢充口，如图 2-16 所示。快充是直流供电，半小时可充到 80%；慢充为交流供电，充电时间为 6 ~ 8h 充满。

图 2-16　快充口和慢充口

2.9.1　慢充系统

电动汽车随车都会配备 16A 和 32A 两种充电线，分别满足家用电源充电和专用充电桩充电，家用电源充电必须使用 16A 的充电线。图 2-17 所示为车辆端充电枪部分和充电桩供电端部分。

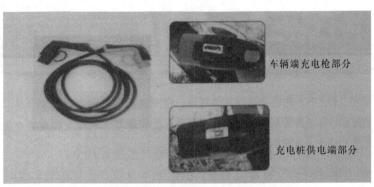

图 2-17　车辆端充电枪部分和充电桩供电端部分

随着互联网技术的发展，现在使用充电桩充电有两种方式：充电卡和手机 APP。电动汽车充电具体操作流程如图 2-18 所示。

当充电线连接电动汽车车身和充电桩后，汽车中控仪表台上会显示充电电压、充电电流（电流负值为充电，正值为放电）以及已充电电量等信息，如图 2-19 所示。

北汽新能源 EV200 前机舱内的车载充电机上有 POWER、RUN 和 FAULT 三个指示灯，在正确的充电过程中，POWER 和 RUN 两个指示灯会亮，表明电动汽车正常充电，如图 2-20 所示。

47

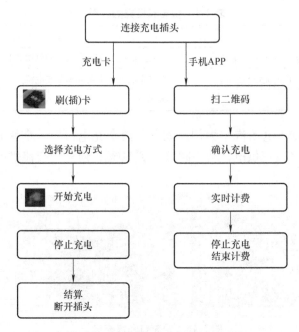

图 2-18　电动汽车充电操作具体流程

图 2-19　汽车中控仪表板

图 2-20　车载充电机

电动汽车和手机一样都是使用锂电池,对充电的规范性有较高的要求。使用电动汽车的过程中按照充电注意事项操作能在很大程度上提高锂电池的使用寿命。

充电次数对动力电池寿命没有直接关系,锂电池本身没有记忆功能,及时充放电可保持动力电池较好的充放电能力。冬季使用完后及时充电可确保动力电池处于一个较高温度,避免充电加热阶段,有效缩短充电时间。如果需要长期停放车辆,首先要断开蓄电池负极,停放时,动力电池电量最好在 50% ~ 80%,同时每隔 1 ~ 2 个月对动力电池进行一次充放电,避免长期停放造成动力电池性能下降。

雨天尽量不要给电动汽车充电,如果有必要,在小雨天气可以充电,但要注意在拔插充电枪时要有雨具遮挡,防止雨水进入充电口。充电枪插牢后具有防水能力。

【课外知识】

充电周期:一个充电周期指的是锂电池一次完全充放电过程,即由一个满电和一个满放电过程组成,锂电池一般有 300 ~ 500 个充电周期。锂电池寿命与其充电周期的完成次数有

48

关，和锂电池充放电次数没有任何关系。锂电池充电也讲究"少吃多餐"，浅度充放电有助于延长其寿命。注意：充电次数不等于充电周期。

2.9.2　快充系统

快充就是能够快速给电动汽车充满电的充电方法，使用非车载充电机采用大电流直接给动力电池充电，短时间内就能将动力电池电量充到 80% 左右。快速充电的电流一般在 150～400A，充电电压在 200～750V，充电功率大于 50kW。比如特斯拉的超级充电站可在 40min 内将动力电池电量充至 80%。

1）快充的控制策略是当动力电池某个单体达到设定电压时即停止充电，没有末端恒压小电流充电和电量修正，所以在车辆多次连续快充时会出现充不满现象，可以在使用快充后再用慢充充满即可。

2）快充口在前格栅，如果发生追尾，不会发生漏电安全问题，因为在快充口处设有车辆绝缘检测功能，漏电后会自动断电保护。

2.10　车辆外观清洗

电动汽车和燃油汽车一样，使用一段时间后，车身都会变脏，需要清洗。除了驾驶方面有一些不同，电动汽车和燃油汽车的清洗也是有很大区别的。

电动汽车外观的清洗和传统燃油汽车的清洗方法是一样的。正确清洗的步骤分为：冲车、喷清洗液、擦洗、冲洗、擦车、验车。由于车辆快充口安装在前格栅处，因此在洗车时应尽量避免高压水枪直接对准前格栅冲刷。为了防止前机舱内部进水，导致绝缘无法通电，电动汽车各主要部件都已做防水试验，满足 IP67 防水防电等级标准。高压电池安装在车身底部，高压水流的冲击可能会造成水渗入高压电池箱影响绝缘，因此也应避免冲刷底盘。

（1）冲车　用高压水枪清洗，冲水方向与车身漆面保持 30°～45°，枪头与车身距离保持在 16～60cm 范围内。清洗时应按"车顶—车身前后及玻璃—后视镜—车轮挡泥板—轮胎—车门板下部—底盘"的顺序冲洗。

（2）喷清洗液　车辆冲洗完后向车身喷洒泡沫清洗液。

（3）擦洗　手持海绵从上到下擦洗车身，保证无漏擦之处。

（4）冲洗　按第一步冲车的顺序用清水冲洗车身。

（5）擦车　首先用一块半湿的长抹布从车前向车后擦拭，然后按照正确的方法将整个车从前至后从上到下擦一遍。打开车门，擦净车门及边框处的水，然后把抹布洗净、拧干，擦拭前后风窗玻璃和车门玻璃。

（6）验车　擦完后要求车身干净无漏擦，门边干净无水渍、污渍。

2.11　驾驶室清洗

经过长期使用，驾驶室内座椅表面的污渍、脚垫上的烟灰、仪表台上的灰尘等都会影响驾驶室内美观，因此需要定期对驾驶室进行清洁。

（1）除尘　用吸尘器按由上而下的顺序清除各部件上的灰尘，除尘前需要将车内杂物取出。

（2）清洗　清洁时驾驶室应根据各部位材质不同，选择不同的清洗液，按从上到下的顺序清洗：车内顶棚—仪表台—转向盘套—内门板—车内座椅—安全带—脚垫。

（3）除菌、除臭　将专用杀菌剂喷涂在座椅、脚垫等处，清除异味并抑制细菌的滋生。

【注意事项】

对车内件进行清洗时，要用中性的洗涤液进行清洗，千万不要用含有较强酸碱性的物质清洗。在清洗时要注意避免音响、收音机、CD 等电器设备进水而受到腐蚀。

2.12　机舱清洗

进行机舱的清洁（图 2-21）时，需先关闭点火开关，10min 后用布擦拭。机舱内布置了很多的高压设备，如充电机、高压控制器、高压线束插头等，因此禁止掀开机舱盖冲洗，否则会造成高压部件各插接器受潮，导致车辆出现绝缘故障，无法行驶。

图 2-21　机舱清洁

【注意事项】

擦拭时不得使用潮湿的抹布接触高压部件。确实有必要清洁机舱时，尽量单手操作，同时不要手扶车身。如果检查线路插头部位，发现锈蚀痕迹，应使用专业清洗剂处理。

第 3 章

新能源汽车维护保养

学习目标

- 了解新能源汽车维护保养的类别、周期与内容。
- 熟悉新能源汽车 VIN 码的相关知识。
- 掌握新能源汽车维护保养前高压安全防护作业的流程。
- 掌握新能源汽车维护中常用运行材料的选用。

纯电动汽车和传统汽车一样，许多零部件在行驶过程中处于非常苛刻的运转环境，包括低温严寒、高温酷热、高速、多尘、颠簸路面等。一些零部件由于环境的不断变化随时间推移开始老化；一些零部件由于经常高速运动，在不断地磨损；另外一些零部件也会在不经意的时候磕伤，这都需要及时进行检查、调整或更换。

保持车辆技术状况良好，提高使用寿命，确保行车安全，充分发挥汽车使用效能，并将运行消耗降至最低，从而取得良好的经济效益、社会效益和环境效益，这就是汽车维护的意义所在。新能源汽车与传统汽车在维护上具有许多共性的地方，譬如在底盘方面，特别是基于传统燃油汽车平台开发的纯电动汽车；但是控制系统方面就有许多不同，特别是在高压控制系统维护方面，有许多特殊的作业需要去完成。

3.1 概述

3.1.1 车辆维护保养的意义

与传统汽车基本一样，新能源汽车的日常保养工作很简单，归纳起来就是：清洁、紧固、检查、补充。

保持车辆干净、整洁，防止水和灰尘腐蚀车身及零件。在车辆行驶一定里程后，要对车辆各部件连接处的螺栓进行检查、调整，发现有松动的地方要按要求及时拧紧，消除事故隐患，保证行车安全。润滑包括对各运动部件的润滑，是保证车辆各运动部件正常运转、减小运转阻力，降低温度、减少磨损的重要手段。

定期保养主要以检查和调整为主，对制动、转向、传动、悬架等系统的定期检查是每一类型的保养都会提供的，这样可以拥有安全的驾驶环境。新能源纯电动汽车还需要对特有的高压系统进行相应检查，譬如对高压线缆外观的检查、插接头联接是否松动的检查，对车载充电机、高压控制盒、DC/DC 变换器、电机控制器、驱动电机、动力电池、空调压缩机、

PTC 等高压器件外观的检查，绝缘性能的测试；还需要对各个模块如整车控制模块（VCU）、动力电池管理模块（BMS）等进行相应的升级等，总之，通过定期检查和保养，可以及时发现和解决存在的隐患及故障，避免更大故障的发生。

3.1.2 车辆维护保养的内容

新能源纯电动汽车的维护保养有和传统汽车相同的地方，也有一些维护保养项目和内容在传统汽车中是没有的，具体如下：

1. 检查

（1）外观检查　检查全车漆面、前后风窗、左右车窗、前后车灯表面等是否完好；检查确认车顶装饰条粘贴良好无损坏，车门、舱盖、灯具安装各处缝隙均匀，过渡无明显阶差。除此之外，还要检查充电口开启开关是否正常，充电口盖是否能够正常开启。图 3-1 所示为新款 EV200 的外观。

图 3-1　新款 EV200 的外观

（2）内饰检查　检查确保门内侧、门框、转向盘、仪表台、变速杆、中央扶手箱、座椅、地毯、车顶内饰等安装可靠，无划伤，无脏污，车内无杂物、无缺件、无漏装，如图 3-2 所示。

图 3-2　车辆内饰检查

（3）充电主要功能检查　先连接慢充线，检查慢充过程，仪表上应出现充电指示灯，中控台屏幕显示充电画面；再连接快充线检查，仪表上也应出现充电指示灯，中控台屏幕显示充电画面，如图 3-3 所示。

图 3-3　车辆充电功能检查

（4）诊断仪测试检查　连接诊断仪，读取车辆故障码。如有故障码，应先清除故障码，再起动车辆，重新读取故障码，如故障码不再出现，说明刚才读出的故障码是随机出现的；如故障码再次出现，则需要进一步维修，最终交给客户的应是一辆没有故障的车。此外，还要查看系统版本号，以确认是否需要更新或升级，如图 3-4 所示。

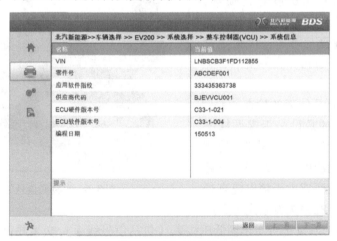

图 3-4　车辆检测设备检查

（5）油液检查　检查各种油液液位应正常，如图 3-5 所示。

（6）DC/DC（PEU）输出电压检测

① 将车钥匙置于 OFF 档，断开所有用电器并拔出钥匙。

② 打开护盖并裸露出低压蓄电池正极。

③ 使用专用万用表电压档测量低压蓄电池的电压，并记录此电压值。

④ 将车钥匙插入后置于 ON 档位置。

⑤ 使用专用万用表电压档测量低压蓄电池正负极的电压，这时所测得的电压值是 DC/DC 的输出电压。

检测结果：DC/DC 的正常输出电压在 13.2 ~ 13.5V（车型不一样，数值可能会有变化）之间（关闭车上用电设备的情况下）。

（7）底盘主要项目检查

① 轮胎、轮辋：轮胎表面无割伤，胎压正常；轮辋及螺栓无划伤，无生锈；翼子板内衬齐全。

② 动力电池底板：电池底板平整，无凹陷、无划伤、无锈蚀，与车身连接牢固；高压线束连接正常。

③ 动力电池：检查是否有漏液，是否有过浸水痕迹等。慢充线束护套无损坏，固定可靠。

④ 制动软管：制动软管完好，无渗漏。

⑤ 减速器放油口检查：减速器放油螺栓无损坏、无渗漏。

⑥ 悬架（图 3-6）：悬架弹簧、减振器完好。

⑦ 半轴、转向器：保护胶套无损坏，万向节工作正常。

⑧ 驱动电机的检查与维护：检查是否存在散热不良、滴水、脏污、壳体变形、异响、动力输出卡滞等现象。

（8）高压电缆及低压线束的检查

① 检查高压电缆的敷设是否遵循横平竖直原则，有无 S 状走线、生拉硬拽、缠绕绞织等现象。譬如，高压电缆敷设到拐弯处不得硬拉成直角状，应弯成大于该电缆直径一倍尺寸的弯弧形，且在两头设立固定点。

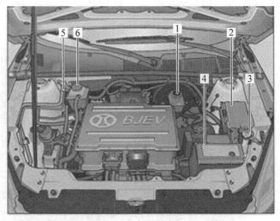

图 3-5 车辆前机舱
1—制动液储液罐 2—熔丝盒（位于盖板下面）
3—风窗玻璃清洗液储液罐 4—蓄电池
5—空调制冷剂加注口 6—冷却液膨胀罐

图 3-6 车辆底盘悬架

② 检查高压电缆的敷设是否与车辆低压线束（包括信号线束）交叉并行，如并行应检查与低压线束及信号线束间隔是否大于 150mm；使用 Ω 状跨过交叉的，检查两端固定是否牢靠，跨线处包裹铝箔或锡箔是否完好，应使用铝箔纸或锡箔纸包裹低压及信号线束，包裹固定好之后检查包裹物表面接地是否可靠（电阻值应小于 0.1Ω）；检查在一些信号线上（如 CAN 通信线）使用的磁环是否完好。

③ 检查高压电缆是否沿车架敷设；如有悬空处，检查固定线缆两端的固定抱箍是否可靠，线缆是否成半弧形固定。

④ 检查高压电缆的固定抱箍是否可靠；过孔处的防护是否完好；过刃口处的防护是否完好。

⑤ 检查高压电缆进入各设备接线盒处是否成半弧形接入；进入设备接线盒的固定点是

否可靠，离设备入线位置是否在 200mm 左右。

⑥ 为防备雨水进入设备接线盒，应确保接线盒高压电缆在进入设备接线盒处固定在低于进入口处，如无法避免高于接线盒，进入口应在固定完电缆后打胶密封。注意：胶应涂抹在进入口处的外部。

⑦ 检查高压电缆的外部防护层是否有破损或扭绞，如果出现破损或扭绞必须重新做好防护和捋顺扭绞；如外部防护破损严重，则必须更换该电缆。

2. 其他维护保养项目

（1）变速器的维护保养　对于初期保养，变速器磨合后，建议 3000km 或 3 个月更换润滑油，以后进行定期维护（表 3-1）。其维护保养应在整车特约维修点进行。

表 3-1　维护周期表

里程/km	1 万	2 万	3 万	4 万	5 万	6 万	7 万	8 万
时间/月	6	12	18	24	30	36	42	48
原则	H	B	H	B	H	B	H	B

注：B——在维护保养检查必要时更换润滑油，H——更换润滑油。

1）维护周期以里程表读数或月数判断，以先到为准。表 3-1 显示了 8 万 km 以内的定期维护，超过 8 万公里按相同周期进行维护。

2）适用于各种工况行驶（重复的短途行驶；不平整或泥泞的道路上行驶；多尘路上行驶，极寒冷季节或盐碱路上行驶；极寒冷季节的重复短途行驶）。

3）如因其他维修作业（不因换油）提升车辆时，也应同时检查变速器是否漏油。

4）根据整车驾驶性能及供应商要求，整车将在维护保养时进行软件更新。

5）要求润滑油为 GL – 475W – 90 合成油，持续许用温度 ≥140℃，油量为 0.9 ~ 1.1L。

维护保养时，润滑油的检查方法如下：

① 确认车辆是否处于水平状态，以检查油位。

② 检查变速器是否有漏油痕迹，如有，应分析漏油原因，修理漏油部位。

③ 拆下油位螺塞，检查油位。如润滑油与油位螺塞孔齐平，则说明油位正常。否则，应补加规定润滑油，直到油位螺塞孔口出油为止，如图 3-7 所示。

维护保养时，润滑油的更换方法如下：

① 在换油前，必须停车断电，水平提升车辆。

② 在升起车辆的状态下，检查油位以及是否漏油，如有漏油，应处理。

③ 拆下放油螺塞，排放废油。

④ 给放油螺塞涂布少量密封胶并按规定力矩（12 ~ 18N·m）拧紧，如图 3-8 所示。

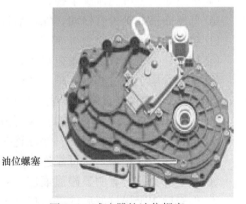

油位螺塞

图 3-7　减速器的油位螺塞

（2）制动系统的日常保养　主要集中检查制动总泵储液罐的液面高度是否符合要求，制动踏板的自由行程是否太大，电动真空泵的管路是否存在松动，驻车制动的拉索收紧程度及手柄拉起的齿数是否符合要求等。

（3）冷却系统维护及冷却液补充和加注　依据整车保养里程保养，建议频次为每 2 年完全更换一次。

　　检查冷却液液位时需确保整车处于冷车状态，查看液面是否处于"MIN"与"MAX"之间，如低于"MIN"，需添加冷却液至"MIN"与"MAX"之间。

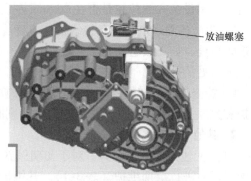

图3-8　减速器的放油螺塞

　　冷却液加注：冷却液型号应满足"-40℃"的使用要求，整车加注量：风冷充电机车型为3.8L，水冷充电机车型为4.5L。手工加注流程见图3-9。

　　一次加注：大约加3L冷却液。

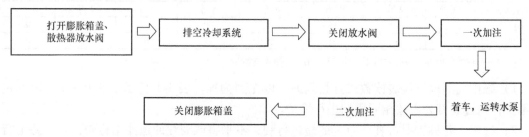

图3-9　冷却液加注流程

　　二次加注：使膨胀箱液位在"MIN"和"MAX"之间。

　　注：手工加注存在驱动电机和控制器中冷却液无法彻底排出现象，使实际加注量可能低于标准值。

　　（4）充电系统维护保养

　　1）车载充电机日常保养注意事项

　　① 检查散热风扇是否有异物。

　　② 散热翅上尽可能减少杂物，保证散热时风道畅通。

　　③ 低压插接器是否有松动，保证插接器可靠插接。

　　④ 检查高压插接器是否可靠插接。

　　⑤ 检查外壳是否有明显碰撞痕迹，对充电机内部模块是否造成损坏。

　　⑥ 检查后用干燥过滤后的高压气进行去尘清洁处理。

　　2）DC/DC变换器日常保养注意事项

　　① 散热翅上尽可能减少杂物，保证散热时风道畅通。

　　② 低压连接器是否有松动，保证连接器可靠连接。

　　③ 检查高压连接器是否可靠连接。

　　④ 检查外壳是否有明显碰撞痕迹，对DC/DC变换器模块是否造成损坏。

　　⑤ 检查后用干燥过滤后的高压口气进行去尘清洁处理。

　　（5）动力电池维护　视情对动力电池进行相应的维护，譬如对于使用时间较长（超过2年）的，还应进行容量检查，以及对动力电池组并行进行均衡充电维护。

　　对两年以上车辆的建议：一是可以使用外接绝缘测试仪对全车高压系统进行绝缘测试；二是可以分段对高压线缆用普通绝缘测试仪进行绝缘测试。

3.1.3　日常维护保养里程、间隔时间（表3-2）

表3-2　保养里程间隔表

保养类别	保养项目	累计行驶里程/km					
		10000	20000	30000	40000	50000	以此类推
A级保养	全车保养	√		√		√	
B级保养	高压安全检查		√		√		√

3.1.4　日常维护及保养项目（表3-3）

表3-3　日常维护检查表

系统类别	检查内容	处理方法	保养项目及内容					
			A级保养			B级保养		
			项目	配件及材料	数量或价格	项目	配件及材料	数量或价格
动力电池系统	安全防护	检查并视情处理	√			√		
	绝缘	检查并视情处理	√			√		
	插接器状态	检查并视情处理	√			√		
	标识	检查并视情处理	√					
	螺栓紧固力矩	检查并视情处理	√	√				
	动力电池加热功能检查	检查并视情处理	√					
	外部检查	清洁处理	√					
	数据采集	分析并视情处理	√			√		
电机系统	安全防护	检查并视情处理	√			√		
	绝缘检查	检查并视情处理	√			√		
	电机及控制器冷却检查	检查并视情处理	√			√		
	外部检查	清洁处理	√			√		
电器电控系统	机舱及各部位低压线束防护及固定	检查并视情处理	√			√		
	机舱及各部位插接器状态	检查并视情处理	√			√		
	机舱及底盘高压线束防护及固定	检查并视情处理	√	√				
	机舱及底盘各高、低压电器固定及插接器连接状态	检查并视情处理	√			√		
	蓄电池	检查电量状态，并视情处理	√			√		
	灯光、信号	检查并视情处理	√			√		
	充电口及高压线	检查并视情处理	√			√		
	高压绝缘监测系统	检测并视情处理	√					
	故障诊断系统报警监测	检测、检查并视情处理	√					

（续）

保养项目及内容

系统类别	检查内容	处理方法	A 级保养			B 级保养		
			项目	配件及材料	数量或价格	项目	配件及材料	数量或价格
制动系统	驻车制动器	检查效能并视情处理	√			√		
	制动装置	泄漏检查	√			√		
	制动液	液位检查	√	更换制动		√	检查视情	
	制动真空泵、控制器	检查是否漏气，并视情处理	√			√		
	前、后制动摩擦副	检查并视情更换	√			√		
转向系统	转向盘及转向管柱连接紧固状态	检查并视情处理	√			√		
	转向器本体连接紧固状态	检查并视情处理	√			√		
	检查转向横拉杆间隙及防尘套	检查并视情处理	√			√		
	检查转向助力功能	路试并视情处理	√					
车身系统	风窗及刮水器	检查并视情更换处理	√	添加风窗洗涤剂	材料收费	√	检查并视情添加	
	顶风窗	检查并视情处理	√			√		
	座椅及滑道	检查并视情处理	√	加注润滑脂	润滑脂250g	√	加注润滑脂	润滑脂250g
	门锁及铰链	检查并视情处理	√			√		
	机舱铰链及锁扣	检查并视情处理	√			√		
	后背门（厢）铰边及锁	检查并视情处理	√			√		
传动及悬架系统	变速器	检查变速器连接、紧固及渗漏	√	更换变速器齿轮油	E150EV单减1.1L 多减2L C70为1.1L	√	检查并视情添加	
	传动轴	检查球笼间隙及防罩，并视情处理	√			√		
	轮辋	检查、紧固，视情处理	√			√		
	轮胎	检查胎压，并视情况处理	√			√		
	副车架及各悬置连接状态	检查紧固	√					
	前后减振器	检查渗漏情况并紧固，并视情更换	√					

58

（续）

保养项目及内容

系统类别	检查内容	处理方法	A 级保养			B 级保养		
			项目	配件及材料	数量或价格	项目	配件及材料	数量或价格
冷却系统	冷却液液位及冰点	液位及冰点测试，视情添加	√	更换冷却液	冷却液 6L	√	检查视情添加	
	冷却管路	检查渗漏情况并处理	√			√		
	水泵	检查渗漏情况并处理	√			√		
	散热器	检查并清洁	√			√		
空调系统	空调冷、暖风功能	测试并处理	√					
	压缩机及控制器	检查压缩机及控制器安装及线束插接器状态	√					
	空调管路及连接固定	管路防护检查并视情检漏处理	√			√		
	空调系统冷凝水排水口	检查、处理	√					
	空调滤芯	检查处理	√	更换空调滤芯	滤芯收费（首次保养免费）	√	清洁	

3.2　高压安全防护

新能源电动汽车有一个非常明显的特点，就是整车带有"高"压动力电回路，在乘用车上，最高电压可达 600V 以上，虽然这在传统的电工分级中远未达到真正的高压电，但和传统汽车的电气系统中的用电电压相比，已经是足以伤害到我们的"高"压电，这就给我们带来了不容忽视的"高"压安全用电问题。因此，在推广新能源电动汽车的同时，如何保证驾驶人员、乘车人员、汽车保养和维修人员的安全将是重点工作之一。不仅在设计时要在车辆上有相关的保护措施，在使用、维护维修时，为保证所有人员、新能源汽车及相关设备的安全，也必须建立安全用电意识，创造可靠的安全作业环境，严格按照安全操作规程作业。每个人及维修企业都应须贯彻"安全第一，预防为主"的方针，加强安全用电教育和安全技术学习和培训，掌握人身触电事故的规律性及防护技术，采取各种切实有效的措施以防止事故发生。

3.2.1　电的危害

电能做功的多少跟电流的大小、电压的高低、通电时间的长短都有关系。加在电器上的电压越高、通过的电流越大、通电时间越长，电流做功越多。任何可以形成电流回路的物质都会和电能进行能量的转换，所以说如果有电压施加于人体就会有相应的电流从人体中流过，造成不同程度的伤害。

1. 人体是导体

人体是导体，有一定阻值，阻值见图 3-10。当人体与带电体构成电气连接时，就形成了电流回路。

电流路径	人体电阻/Ω
手-手 手-脚	1000
手-脚	750
手-脚	500
手-胸	450
手-胸	230
手-臀部	300

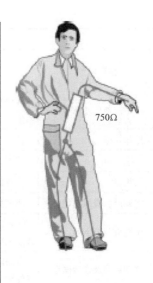

750Ω

图 3-10　人体导电电阻

人体导电时的电阻值与所穿衣物和皮肤湿度两个因素有关。当知道人体等效电阻后，可根据欧姆定律清晰地计算出不同电压对应的触电电流。

一个人接触到带电壳体时，流经人体的电流可根据触电部位进行计算。

① 从手到手：$I_T = \dfrac{U_T}{R_T} = \dfrac{230V}{1000Ω} = 0.23A = 230mA$

② 从手到脚：$I_T = \dfrac{U_T}{R_T} = \dfrac{230V}{500Ω} = 0.46A = 460mA$

2. 通过人体的电流

流过人体的电流越大，人的生理反应和病理反应越明显，引起心室颤动所需的时间越短，致命的危险性越大。按照人体呈现的状态，可以将流过人体的电流分为三个级别。

（1）感知电流　在一定概率下，通过人体引起人有任何感觉的最小电流（有效值），称为该概率下的感知电流，感知电流的最小值称为感知阈值。感知电流一般不会对人体构成伤害，但当电流增大时，感觉增强，反应加剧，可能导致坠落等二次事故。

（2）摆脱电流　当通过人体的电流超过感知电流时，肌肉收缩增加，刺痛感觉增强，感觉部位扩展。当电流增大到一定程度时，由于中枢神经反射和肌肉收缩、痉挛，触电人将不能自行摆脱带电体。在一定概率下，人触电后能自行摆脱带电体的最大电流，称为该概率下的摆脱电流，摆脱电流的最小值，称为摆脱阈值。摆脱电流与人体生理特征、电极形状、电极尺寸等因素有关。对应于概率50%的摆脱电流，成年男子约为16mA，成年女子约为10.5mA；对应于概率99.5%的摆脱电流则分别为9mA和6mA；儿童的摆脱阈值较小。摆脱电流是人体可以忍受但一般尚不致造成不良后果的电流。电流超过摆脱电流以后，人会感到异常痛苦、恐慌和难以忍受；如时间过长，则可能昏迷、窒息，甚至死亡。因此，可以认为摆脱电流是对人体有较大危险的界限，如图3-11所示。

（3）室颤电流　通过人体引起心室发生纤维性颤动的最小电流称为室颤电流，室颤电

60

流的最小值称为室颤阈值。室颤电流是短时间内使人致命的最小电流。室颤电流受电流持续时间、电流途径、电流种类、人体生理特征等因素的影响。当电流持续时间超过心脏搏动周期时，人的室颤电流约为 50mA；当电流持续时间短于心脏搏动周期时，人的室颤电流约为数百毫安；当电流持续时间在 0.1s 以下时，如电击发生在心脏易损期，500mA 以上的电流可引起心室颤动。

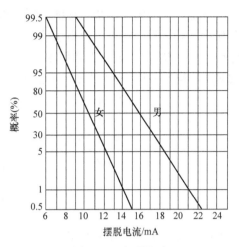

图 3-11　摆脱电流

电流在人体内作用的时间越长，危险性越大，主要原因是：

① 人体电阻减小。电击持续时间越长，人体由于出汗、击穿、电解而使电阻下降，电击危险性越大。

② 能量增加。电流持续时间越长，体内积累外界电能越多，伤害程度增高，表现为室颤电流减小。

③ 中枢神经反射增强。电击持续时间越长，中枢神经反射越强烈，电击危险性越大。

3. 人体触电后的生理反应

电气事故可以按不同的方式进行分类，按灾害形式可分为人身事故 、设备事故、火灾事故、爆炸事故等；按电路状况可分为短路事故、断线事故、接地事故、漏洞事故等。触电对人体的伤害一般可分为电击和电伤两种。图 3-12 为心脏承受的电流曲线。

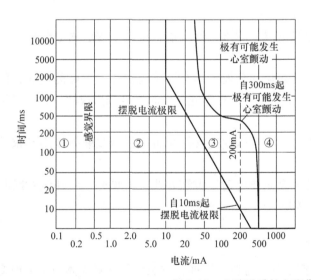

范围①：

　　无影响，即使作用时间任意延长

范围②：

　　0.5～2mA:感觉到电流

　　3～5mA:出现痛觉没有危险

范围③：

　　肌内痉挛、呼吸困难

心律失常、一般不会出现持续性器官损伤

范围④：

　　心室颤动、心跳停止

呼吸停止

图 3-12　心脏承受的电流曲线

（1）电击　电流直接通过人体的伤害称为电击。电流通过人体内部造成人体器官的损伤，破坏人体内细胞的正常工作，主要表现为生物学效应。电流通过人体，会引起麻感、针刺感、压迫感、打击感、痉挛、疼痛、呼吸困难、血压异常、昏迷、心律不齐、窒息、心室颤动等症状。心室颤动是小电流电击使人致命最多见和最危险的原因。发生心室颤动时，心脏每分钟颤动 1000 次以上，但幅值很小，而且没有规则，血液实际上已终止循环。发生心室颤动时的心电图如图 3-13 所示，心室颤动是在心电图上 T 波前半部发生的。

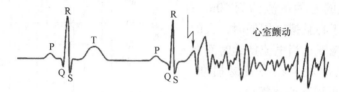

图 3-13　心电图

当人体遭受电击时，如果有电流通过心脏，可能直接作用于心肌，引起心室颤动；如果没有电流通过心脏，亦可能经中枢神经系统反射作用于心肌，引起心室颤动。

由于电流的瞬间作用而发生心室颤动时，呼吸可能持续 2~3min，在其丧失知觉前，有时还能叫喊几声，有的还能走几步，但是，由于其心脏已进入心室颤动状态，血液已终止循环，大脑和全身迅速缺氧，病情将急剧恶化，如不及时抢救，很快将导致死亡。

（2）电伤　电流转换为其他形式的能量作用于人体的伤害称为电伤。电伤是由于电流的热效应、化学效应和机械效应等对人造成的伤害。

① 电灼伤：灼伤是电流的热效应造成的伤害，分为电流灼伤和电弧烧伤两种情况。电流灼伤是人体与带电体接触，电流通过人体由电能转换成热能造成的伤害。电弧烧伤是由弧光放电造成的烧伤，分为直接电弧烧伤和间接电弧烧伤两种情况。直接电弧烧伤是带电体与人体之间发生电弧，有电流流过人体的烧伤；间接电弧烧伤是电弧发生在人体附近对人体的烧伤，包括熔化了的炽热金属溅出造成的烫伤。

② 电烙印：人体与带电体接触的部位留下的永久性斑痕，斑痕处皮肤失去弹性，表皮坏死。

③ 皮肤金属化：由于电流的作用使熔化和蒸发了的金属微粒，渗入人体的皮肤，使皮肤坚硬、粗糙、呈现特殊的颜色。皮肤金属化多是在弧光放电时发生和形成的，在一般情况下，此种伤害是局部性的。

④ 机械性损伤：电流作用于人体，由于中枢神经反射和肌肉强烈收缩等作用导致的机体组织断裂、骨折等伤害。

⑤ 电光眼：电光眼的成因是当发生弧光放电时，由红外线、可见光、紫外线对眼睛的造成伤害。电光眼表现为角膜炎或结膜炎。

3.2.2　用电安全及防护应急措施

根据对人体影响的程度不同对电流划分了等级，同样，按照幅值和对人体的伤害程度不同也把电压划分成了三个等级：安全电压、低压、高压。

安全电压是指不致使人直接致死或致残的电压。一般环境条件下允许持续接触的"安全特低电压"是 36V。安全电压也指为了防止触电事故而由特定电源供电所采用的电压系列。安全电压应满足以下三个条件：

① 标称电压不超过交流 50V（AC）、直流 120V（DC）。

② 由安全隔离变压器供电。

③ 安全电压电路与供电电路及大地隔离。

1. 电动汽车的电压等级划分

中华人民共和国国家标准 GB/T 18384.3—2015《电动汽车　安全要求 第 3 部分：人员触电防护》中的第 4 条电路的电压分级中明确规定：

根据电路的工作电压，将电路分为 A 和 B 两级，如表 3-4 所示。

表 3-4　电动汽车的工作电压等级划分

工作电压等级	直流电压 U/V	交流电压 U/V
A 级	$0 < U \leqslant 60$	$0 < U \leqslant 25$
B 级	$60 < U \leqslant 1000$	$25 < U \leqslant 660$

触电防护应包含防止人员与任何带电部件的直接接触和在带电部件基本绝缘故障的情况下的触电防护。对于 A 级电压的电路不要求提供触电防护。

对于任何 B 级电压电路的带电部件，都应为人员提供危险接触的防护。直接接触防护应由带电部件的基本绝缘提供或由遮挡、外壳或两者结合来提供。所有的防护及规定都是从安全的角度出发，防止人体及电气设备因触电或短路发生故障、造成事故。

遵循车上零部件所附的所有警告标签的要求。

例如⚠警告标记表明：为了减少人员受到伤害或者车辆受到严重损伤，所陈述的步骤必须严格遵循，或者必须仔细考虑所提供的信息。

2. 触电急救

新能源汽车的电气安全工作是一项综合性工作，有技术的一面，也有组织管理的一面。技术和组织管理相辅相成，有着十分密切的联系。电气安全工作主要有两方面的任务：一方面是研究各种电气事故的机理、原因、构成、特点、规律和防护措施；另一方面是研究正确使用电气的方法，解决各种安全问题，即研究运用电气监测、电气检查和电气控制的方法来评价系统的安全性或获得必要的安全条件。

进行触电急救，应坚持迅速、就地、准确、坚持的原则。触电急救必须分秒必争，立即就地迅速用心肺复苏法进行抢救，并坚持不断地进行，同时及早与医疗部门联系，争取医务人员接替救治。在医务人员未接替救治前，不应放弃现场抢救，更不能只根据没有呼吸或脉搏擅自判定伤员死亡，放弃抢救，只有医生有权做出伤员死亡的诊断。进行触电急救时首先使触电者脱离电源，然后再进行相应的处理。

（1）脱离电源

① 首先要使触电者迅速脱离电源，越快越好。因为电流作用的时间越长，伤害越重。

② 触电者未脱离电源前，救护人员不准直接用手触及伤员，因为有触电的危险。

③ 使用绝缘工具或不导电的东西（干燥的木棒、木板、绳索等）解脱触电者；也可抓住触电者干燥而不贴身的衣服，将其拖开，切记：要避免碰到带电物体和触电者的裸露身躯；也可戴绝缘手套后解脱触电者。

④ 若是在维修动力电池组或更换电芯时触电，触电者受到电击后极易麻痹、昏厥或休克而倒在电池上，由于电池内部的带电部分裸露较多，为避免触电面积增加，进而对触电者

的伤害加大，施救时可用绝缘隔板、干木板或绝缘塑料板插于触电者与电池之间，在进一步将触电者脱离移开，同时施救者也要保护自身安全。

（2）伤员脱离电源后的处理

① 触电伤员如神志清醒，应使其就地躺平，严密观察，暂时不要站立或走动。

② 触电伤员如神志不清，应就地仰面躺平，且确保气道通畅，并用 5s 时间，呼叫伤员或轻拍其肩部，以判定伤员是否意识丧失。禁止摇动伤员头部呼叫伤员。

③ 需要抢救的伤员，应立即就地坚持正确抢救，并设法联系医疗部门接替救治。

④ 呼吸、心跳情况的判定：触电伤员如意识丧失，应在 10s 内，用看、听、试的方法，判定伤员呼吸心跳情况。看——看伤员的胸部、腹部有无起伏动作；听——用耳贴近伤员的口鼻处，听有无呼气声音；试——试测口鼻有无呼气的气流。再用两手指轻试一侧（左或右）喉结旁凹陷处的颈动脉有无搏动。若看、听、试的结果，既无呼吸又无颈动脉搏动，可判定呼吸心跳停止。触电伤员呼吸和心跳均停止时，应立即按心肺复苏法支持生命的三项基本措施，正确进行就地抢救，如图 3-14 所示。

a）通畅气道。

b）口对口（鼻）人工呼吸。

c）胸外按压（人工循环）。

图 3-14　人工呼吸的操作要点

3.2.3　高压安全防护用具

电动汽车高压部件维护前需准备必要的绝缘防护用具和辅助安全用具，确保工作时的安全性。常用的绝缘防护用具有：绝缘手套、安全防护镜、绝缘鞋及标示牌等，辅助安全用具有：灭火器、绝缘胶布和吸水毛巾布等，如图 3-15所示。

3.2.4　高压安全措施

相对于传统燃油汽车，电动汽车具有高压系统，因此就会存在高压用电危险。考虑到驾驶人和维修人员的安全，防止触电事故的发生，在设计生产电动汽车时采取了一些高压用电安全措施。

1. 高压线束

电动汽车上的所有高压系统线束都使用橙色线束，以区分低压系统的黑色线束，如图 3-16所示。

2. 高压标识牌

所有高压用电设备，比如 PTC（空调加热器）、DC/DC、电机控制器、高压控制盒、充电口和车载充电机等上面都贴有高压危险的标识牌，如图 3-17 所示。

图 3-15　绝缘防护用具和辅助安全用具

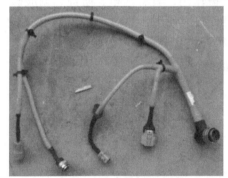

图 3-16　高压线束

图 3-17　高压标识牌

3. 高压熔断器

电动汽车上除了有低压熔丝，还有高压熔断器用来保护电路和高压用电安全。由于高压系统对熔丝要求较高，所以高压熔断器能够快速熔断，拉弧时间短，如图 3-18 所示。

4. 维修开关

电动汽车的动力电池上设有维修开关，维护车辆时需要将其拔下，断开电路，避免了人接触车身造成电击伤，如图 3-19 所示。

图 3-18　高压熔断器

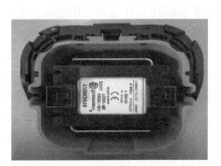

图 3-19　维修开关

5. 高压互锁

若检查高压系统线束连接情况时发现异常，高压互锁装置断开动力电池的高压电源，识别回路，防止人员被电击伤。图 3-20 所示为高压互锁插件。

图 3-20　高压互锁插件

3.3　新能源汽车维护工具使用

电动汽车车辆高压部分维护一定要坚持"安全第一"的原则，为防止电击伤害。在维护前，维护人员必须做好高压安全防护，正确选择和佩戴绝缘防护用具，使用高压检测工具。传统部分（如制动系统、行驶系统、转向系统等）的维护也应正确使用相关检查和维护工具。

3.3.1　高压防护工具

1. 绝缘手套

绝缘手套是用天然橡胶制成的，起到对人的保护作用，具有防电、防油、耐酸碱等功能，如图 3-21 所示。绝缘手套主要在操作高压电器设备时使用，如动力电池高压回路放电、验电，高压部件的拆装，绝缘手套最长使用时间不得超过 6 个月，以防橡胶老化。

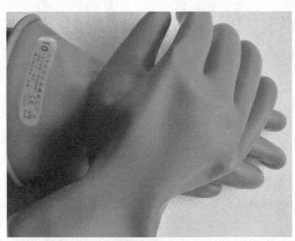

图 3-21　绝缘手套

绝缘手套铭牌上有最大使用电压，电压值越大，手套越厚。应根据测量实物的最大电压值选择绝缘手套。

1）使用绝缘手套前必须进行充气以检验气密性，如图 3-22 所示，检查步骤：①选择绝缘手套袖口处横向位置；②将手套从袖口处向指尖方向卷 1~2 圈；③用一只手封紧袖口位置；④检查是否会漏气，发现有任何破损都不能使用。

2）当戴绝缘手套作业时，应将衣袖口放进手套筒内，以防发生意外。

3）绝缘手套使用完后，应将内外擦洗干净，待干燥后，撒上滑石粉放置平整，以防受压受损，且不能放置于地上。

66

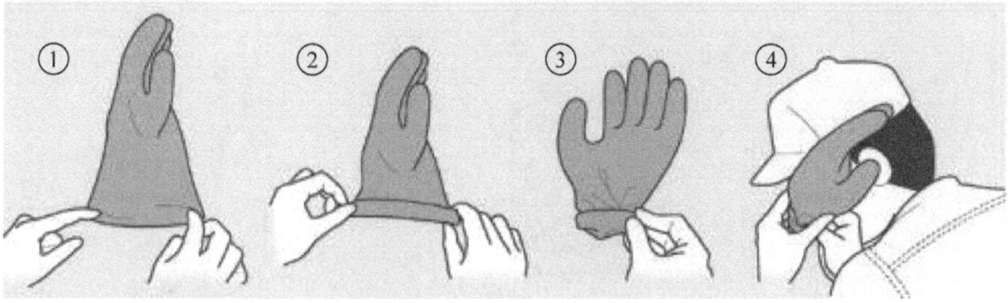

图 3-22　绝缘手套气密性检查

2. 绝缘帽

当电动汽车处于举升状态，进行维护时应使用绝缘帽。使用前应检查绝缘帽有无裂缝或损伤，有无明显变形，下颚带是否完好、牢固，佩戴时必须按照头围大小调整并系好下颚带，图 3-23 所示为绝缘帽正确佩戴方式。

3. 绝缘鞋

绝缘鞋是高压操作时使人与大地绝缘的防护用具，一般在较潮湿的场所使用。穿戴绝缘鞋前需检查鞋面有无划痕、鞋底有无断裂、鞋面是否干燥，如图 3-24 所示。绝缘鞋应放在干燥、通风处，不能随意乱放，并且避免接触高温、尖锐物和酸碱油类物质。

图 3-23　绝缘帽正确佩戴方式

图 3-24　绝缘鞋检查

4. 防护目镜

检查和维护电动汽车时需要佩戴防护目镜（图 3-25）。防护目镜主要用于防御电器拉弧产生的电火花对眼睛的损伤。使用前需要对防护目镜进行检查，看有无裂痕、损坏。

5. 绝缘服

绝缘服（图 3-26）主要用于维护人员带电作业时的身体防护。

6. 绝缘垫

绝缘垫（图 3-27）是具有较大电阻率和耐电击穿的胶垫，主要在电动汽车维护时用于地面的铺设，起到绝缘的作用，在雨季湿度大或者地面潮湿时，绝缘垫就更加重要了。

67

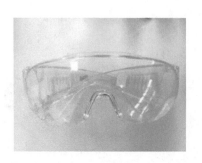

图 3-25　防护目镜

图 3-26　绝缘服

7. 绝缘工具

在维修高压系统时必须使用电工专用绝缘工具，如图 3-28 所示。使用绝缘工具时，要加强日常保养，防止受潮、损坏和脏污。

3.3.2　高压检测工具

1. 绝缘表

绝缘电阻是表征电动汽车电气安全好坏的重要参数。高压电线绝缘介质的老化或受潮湿环境影响等会导致高压电路和车辆底盘之间的绝缘性能下

图 3-27　绝缘垫

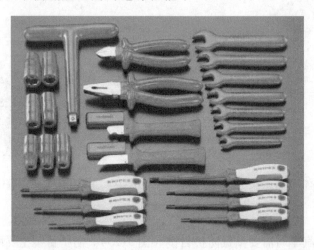

图 3-28　绝缘工具

降，负极线通过绝缘层和底盘构成漏电回路，使底盘电位上升，危及乘客的人身安全。为了消除高压电对车辆和驾乘人员的潜在威胁，保证电动汽车电气系统的安全，在电动汽车维护时需要使用绝缘表检测绝缘电阻。

绝缘表主要分为绝缘电阻表和数字测试绝缘表两种。

（1）绝缘电阻表　绝缘电阻表又称兆欧表，由一个手摇发电机、表头和三个接线柱

（L、E 和 G）组成，如图 3-29 所示。L 为接线端，E 为搭铁端，G 为屏蔽端（也叫作保护环），一般被测绝缘电阻都接在 L 端和 E 端之间，但当被测绝缘体表面漏电严重时，必须将被测物的屏蔽环或不需测量的部分与 G 端相连接。这样漏电流就经由屏蔽端 G 直接流经发电机的负极形成回路。

图 3-29　绝缘电阻表组成

绝缘电阻表的额定电压有 250V、500V、1000V、2500V 等几种，测量范围有 500MΩ、1000MΩ、2000MΩ 等几种。用绝缘电阻表测量绝缘电阻时应该根据什么原则选择呢？

1）根据额定电压等级选择，见表 3-5。

表 3-5　根据额定电压等级选择

被测设备额定电压	选用摇表额定电压
<500V	500V 或 1000V
≥500V	1000V 或 2500V

2）根据电阻量程范围选择。表头刻度线上有两个小黑点，小黑点之间的区域为准确测量区域。在选表时应使被测设备的绝缘电阻值在准确测量区域内，如图 3-30 所示。

图 3-30　绝缘电阻表量程

使用绝缘电阻表测量绝缘电阻前需要检查绝缘电阻表是否处于正常工作状态，先将其放在平稳、牢固的地方，然后进行断路试验（图 3-31）和短路试验（图 3-32）。

① 断路试验：将 L 端和 E 端分开，由慢到快摇动手柄使发电机达 120r/min 的额定转速，观察指针是否指在标度尺 "∞" 位置，如果是，为正常。

② 短路试验：将 L 端和 E 端短接，由慢到快摇动手柄使发电机达到 120r/min 的额定转

速，观察指针是否指在标度尺"0"位置，如果是，则为正常。

图 3-31 断路试验

图 3-32 短路试验

摇表使用注意事项：

① 为了保证安全，测量前必须将被测设备电源切断，并对地短路放电，决不允许设备带电进行测量。

② 检测过程中，被测设备上不能有人。

③ 摇表的引线应用多股软线，且两根引线不能绞在一起，以免造成测量数据不准确。

④ 测量绝缘电阻时，一般只用"L"和"E"端，但在测量电缆对地的绝缘电阻或被测设备的漏电流较严重时，就要使用"G"端，并将"G"端接屏蔽层或外壳。线路接好后，可按顺时针方向转动摇把，摇动的速度应由慢而快，当转速达到 120r/min 左右时，保持匀速转动，1 分钟后读数，并且要边摇边读数，不能停下来读数。

⑤ 测试完毕后，先拆线然后停止摇动摇表，防止电气设备向摇表反向充电损坏摇表。

⑥ 禁止在雷电时或高压设备附近测绝缘电阻。

（2）数字测试绝缘表 数字测试绝缘表是一种由电池供电的绝缘测试仪，它可以测量交/直流电压、接地耦合电阻和绝缘电阻。数字绝缘表上有三个插线孔对应三根表笔（两红一黑），根据测量数据的不同选用不同的插线端子。就像绝缘电阻表一样，检查其是否处于正常状态。数字测试绝缘表使用之前也需要进行断路试验（图 3-33）和短路试验（图 3-34）。

图 3-33 断路试验

图 3-34 短路试验

数字测试绝缘表的使用步骤：

① 根据测试车辆的电压范围值选择量程。例如，对于 EV200 除 PTC 控制器选 500V 档位，其他绝缘电阻检测选用 1000V 档位。

② 将绝缘测试表笔与部件高压端子接触，负极表笔与部件壳体或车体接触。

③ 按住绝缘测试表笔测试键或表体的测试键，待数值稳定后，读取屏幕上数据，即为绝缘电阻值。

注意事项：

① 必须在断电情况下进行绝缘电阻的测量。

② 一定是各导电端子与车体或壳体之间的测量。

③ 因为高压部件内部有电容存在，严禁对端子之间的绝缘电阻测量。

④ 绝缘阻值测量需要保持 1min，待数值稳定后结束测量。

⑤ 由于绝缘表两表笔之间的电压为 1000V，因此测量过程中注意保持手指与身体不能与任何导电部位接触。

2. 钳形电流表

钳形电流表又叫电流钳，是利用电流互感原理制成的，分为指针式和数字式两种，本书主要以数字式钳形电流表为主来介绍。电流钳可以在不断开电路的情况下测量线路电流，电流钳使用前应先确认它是否正常工作。

1）测量之前应检查钳口上是否有污物，检查被测导线是否绝缘。

2）根据额定功率估测额定电流，选择合适的量程档位，不可用小量程测量大电流。如果电流大小无法估算，就选最大量程，以防烧表。如果读数过小，再切换至小量程重新测量。严禁在测量过程中切换量程档。

3）测量时被测导线应垂直放在钳形电流表的钳口中心。钳形电流表测量时一次只能测量一根导线，不可以同时测量多根导线。

4）钳形电流表上有额定电压，不能用钳形电流表去测量超过额定电压的高压电路电流，否则容易造成事故或引起触电危险。

5）测量时，测量人员应戴绝缘手套，穿绝缘鞋，双手不得触碰其他设备，防止短路和搭铁。如果被测电流较小，应将被测导线缠绕几圈后放进钳口内测量，如图 3-35 所示。

实际电流值＝表盘读数/导线缠绕的圈数。

3. 绝缘工具

绝缘工具属于高压作业工具，如图 3-36 所示，是能够保证带电作业安全的工具。和传统工具相比，增加了抗高压的绝缘层，从而保证维护人员的人身安全。

图 3-35　钳形电流表

图 3-36　绝缘工具

71

4. 放电工装

由于电动汽车整车动力电池以及一些高压部件带有电容，断开电源后，电容还会存储部分电量，因此电动汽车需要使用放电工装（图3-37）对高压端口进行放电，避免产生触电危险。

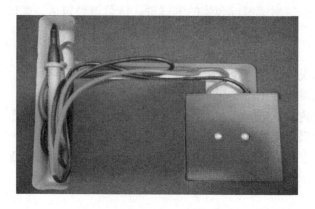

图 3-37　放电工装

3.3.3　传统维护工量具

1. 冰点仪

冰点仪（图3-38）是根据溶液含量与折射率的对应关系设计的光学仪器，可测量乙二醇和丙二醇冷却液的结晶冰点，用以测量电动汽车冷却液和玻璃水的冰点。

2. 轮胎气压表

轮胎气压表用于测量轮胎气压，可直接按在气嘴上，在不漏气后读取数据，可以避免气压不足或过高造成的轮胎使用寿命减短。图3-39所示为实车测胎压。

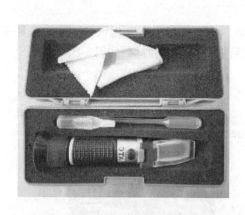

图 3-38　冰点仪

图 3-39　实车测胎压

3. 轮胎花纹深度尺

轮胎花纹深度尺，如图3-40所示，可以很快地测出轮胎花纹深度，判断轮胎的磨损情况。使用时需要多次测量轮胎不同位置的花纹深度。

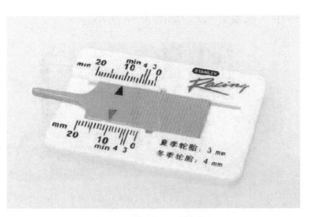

图 3-40　轮胎花纹深度尺

4. 外径千分尺

外径千分尺（图 3-41）是依据螺旋放大的原理制成的，即螺杆在螺母中旋转一周，螺杆便沿着旋转轴线方向前进或后退一个螺距的距离。千分尺是比游标卡尺更精密的长度测量工具，读数一般精确到小数点后三位，最后一位为估读值。外径千分尺可以用来测量制动片厚度等。

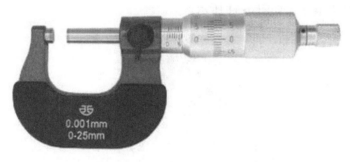

图 3-41　外径千分尺

73

3.3.4　检测与维护操作前的工作

1）新能源车辆操作人员须经专业岗位培训，持证上岗。操作 1000V 电压以下车辆须持有低压电工上岗证，操作 1000V 以上电压车辆须持有高压电工上岗证，如图 3-42 所示。

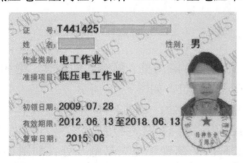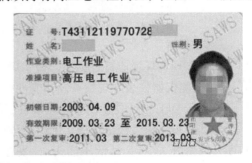

图 3-42　高低压作业上岗证

2）二人以上方可操作（设监护人），如图 3-43 所示。

图 3-43　二人以上操作

3）设置标志牌并签字，如图 3-44 所示。

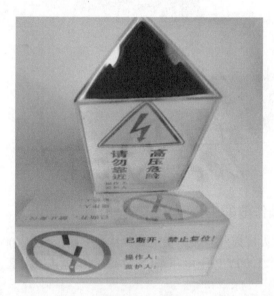

图 3-44　标志牌

4）车间工作现场环境应符合标准，警示牌、绝缘垫、隔离桩、绝缘辅助用具、绝缘基本用具、专用检测仪器仪表外观检查及功能性检查逐一就位，如图 3-45 所示。

5）钥匙置于 OFF 档，妥善保管。严禁置于他人可触及处，如图 3-46 所示。

6）断开低压蓄电池负极桩连接，绝缘处理后放置标牌，如图 3-47 所示。

7）断开维修开关（35 针低压插头），妥善处理。严禁置于他人易触及处，如图 3-48 所示。

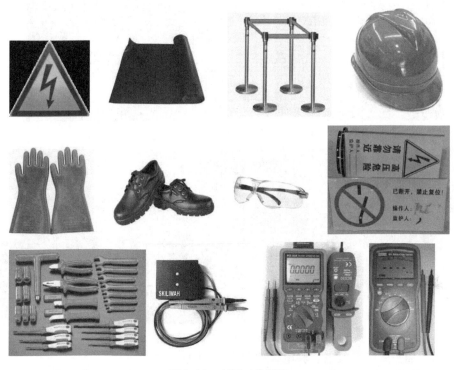

图 3-45 车间工作环境

75

图 3-46 钥匙保管

图 3-47 低压蓄电池处理

8）升车后先断开动力电池低压插头，后断开高压插头，如图 3-49 所示。

图 3-48　断开维修开关（35 针低压插头）

图 3-49　断开动力电池连接线束

9）对高压插头验电、放电、验电，如图 3-50 所示。

图 3-50　高压插头验电、放电、验电

10）对插头绝缘做防护处理，如图 3-51 所示。

图 3-51　插头绝缘防护处理

3.4　纯电动汽车专用故障诊断仪

北汽新能源针对其电动汽车专门开发了诊断仪进行系统的诊断，诊断仪由笔记本电脑（安装诊断程序用）、适配器及测试线、OBD－Ⅱ的诊断接口和后台管理平台组成。后台管理平台包括诊断程序及诊断仪的测试，认证和技术支持等。

硬件要求：笔记本电脑或台式机、PAD 系统盘（空间不小于 5GB，内存不小于 1GB）。

操作系统：WINDOWS XP SP3、WINDOWS 7 或 WINDOWS 8，暂不支持 WINDOWS RT。

网络要求：本软件需要在线激活和网络下载，务必保证连接 Internet 正常。

安装条件：Windows 登入账户必须是管理员身份。

将安装文件"BDS setup. exe"复制到所要安装的电脑中，双击即可选择软件安装，安装过程中按安装提示向导的步骤依次进行安装即可，如图 3-52 所示。

按【完成】键，提示 BDS 软件安装完成后，按结束键，如图 3-53 所示。

図 3-52　使用程序安装向导　　　　　図 3-53　安装顺利完成

按【结束】键，进入 BDS 诊断系统启动界面，如图 3-54 所示。

在诊断仪的设置功能里，可分别对诊断仪的显示语言、显示单位、操作模式及连接方式进行设置或选择，其中连接方式包括 USB 有线连接方式和 WIFI 无线连接方式。WIFI 无线连接的情况下可以改变热点的名称，以避免同一个区域内多台诊断电脑与多台适配器进行连接时连接出错的情况，如图 3-55～图 3-63 所示。

図 3-54　启动诊断操作程序　　　　　图 3-55　诊断仪的主界面

图 3-56　选择品牌、车型

图 3-57　查看整车控制器

图 3-58　诊断仪的检测功能——故障码分析

图 3-59　诊断仪的检测功能——数据流的读取

图 3-60　诊断仪的检测功能——特殊功能

图 3-61　诊断仪的检测功能——系统快速测试

图 3-62　诊断仪的系统设置功能

图 3-63　最新诊断程序版本

进行诊断仪的程序下载与系统升级维护前应确保系统连接正常，如图 3-64 和图 3-65 所示。

特别注意：程序下载必须通过适配器与诊断仪（笔记本电脑）连接的方式进行，且一旦程序下载完成，诊断仪的诊断程序将只与此适配器连接才能进行实车诊断，即诊断电脑与适配器是一一对应的关系。如果使用其他适配器进行连接将造成不能进行诊断的问题，如报出许可证验证失败的提示故障信息，如图 3-66 和图 3-67 所示。

图 3-64　系统连接正常

图 3-65　下载或升级的程序内容

图 3-66　下载成功的界面

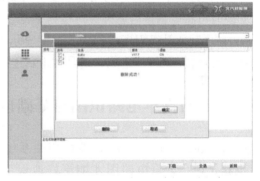

图 3-67　诊断测试程序

目前，可进行下载升级的程序主要包括三个方面：显示程序、北汽新能源车辆诊断程序及 OBD-Ⅱ的诊断程序，其中北汽新能源的诊断程序是目前专门进行新能源车辆诊断的程序，可以通过诊断仪功能中的辅件管理进行相应的升级、注册等，如图 3-68 所示。

需要特别说明的是，诊断仪在每次进行测试的时候都会自动进行诊断程序的检测，如发现系统后台有新版本，会自动提示用户进行升级，用户可以自行选择是否进行升级或跳过此步骤直接进入诊断测试界面。根据实际版本的更新周期及实车的使用情况，推荐 1~2 个月升级一次即可。

常见安装、操作、使用时的注意事项：

1）如果诊断程序不能正常下载或升级，或诊断仪不能正常检测，在确保正常安装的情况下，确认电脑内是否安装 360 杀毒软件，如果安装此杀毒软件就可能会造成上述使用

功能图标	功能名称	功能描述
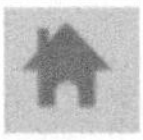	主界面	BDS汽车无线诊断系统主界面，介绍和描述产品性能和品牌。
	汽车智能诊断系统	汽车无线诊断系统的核心功能，它提供了简易而专业的汽车综合诊断功能，包括读ECU信息，故障码分析，数据流分析，数据流冻结帧，元件执行，电脑编程、匹配、设定和防盗等功能。
	系统设定	汽车无线诊断系统的系统设定功能，它提供多种功能操作模式，联接方式，公英制单位切换和语言选择功能等功能，从而丰富用户体验。
	软件管理	产品软件管理，用于甄别汽车诊断软件的版本信息，以便客户升级软件；用于客户管理汽车诊断车型软件；用于注册用户信息，以加强用户的安全性，以及客户打印测试报告时显示用户信息。
	系统退出	安全退出BDS系统。

图 3-68　诊断仪功能说明

问题。

2）由于 WIFI 信号强弱等问题，会造成诊断仪在使用中与车辆出现不能通信故障，可通过硬线连接解决诊断问题。

3）如在诊断中电脑出现死机现象，可暂时退出诊断程序后，再重新打开程序进行诊断，必要时可将电脑重启后再进行检测。

4）在下载或升级程序过程中，进度显示条变化非常缓慢或不变化，可能是 WIFI 信号过弱或没有选择 4G 网络造成，请尝试重新连接或更换 4G 网络再进行尝试。

3.5　纯电动汽车电路识图与基础应用

在汽车的维护过程中需要进行相关系统的检查与检测，因此必须对电路图有所了解，也就是说，会看电路图才能更好地保证维护保养质量，或者说，看电路图是一项基本技能。

3.5.1　电路图的分类

1. 工作原理框图
EV200 控制框图如图 3-69 所示。

2. 电路原理图
EV200 的电路原理图如图 3-70 所示。

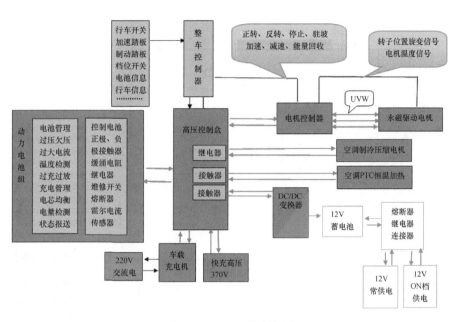

图 3-69　EV200 控制框图

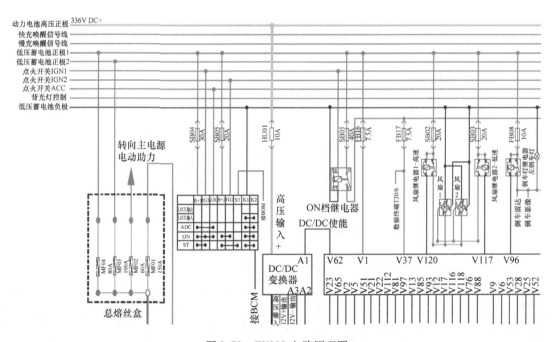

图 3-70　EV200 电路原理图

3. 线束布置图

线束布置图实例如图 3-71 所示。

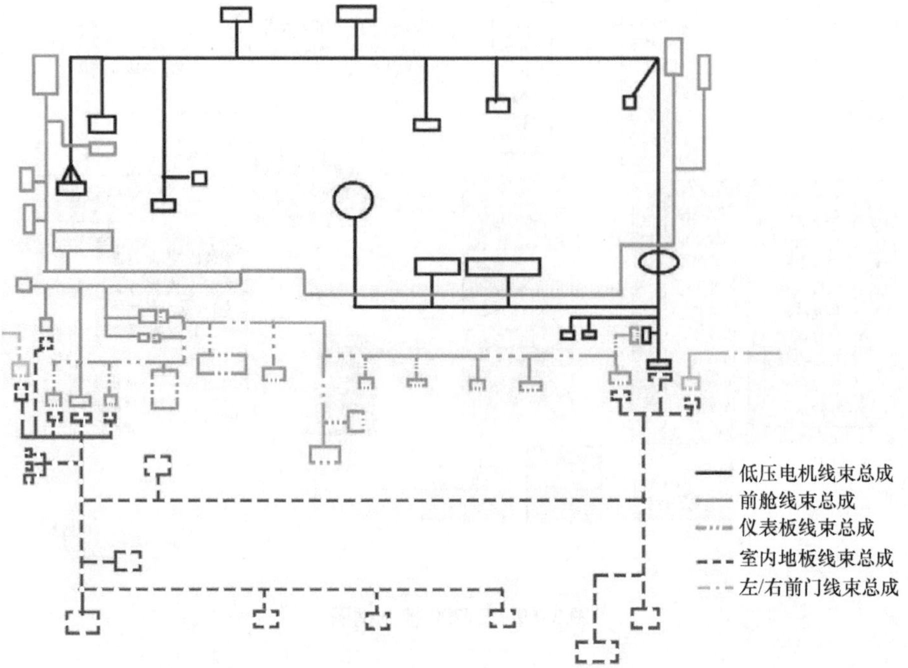

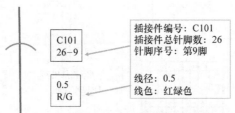

图 3-71　线束布置图

右侧图例：
- 低压电机线束总成
- 前舱线束总成
- 仪表板线束总成
- 室内地板线束总成
- 左/右前门线束总成

3.5.2　电路图的识图

在电路图中，为了识图方便，线束的颜色用英文字母表示，如图 3-72 所示，线束颜色代码见表 3-6。

插接件编号：C101
插接件总针脚数：26
针脚序号：第9脚

C101
26-9

0.5
R/G

线径：0.5
线色：红绿色

图 3-72　插接器、线径、线色标注示意图

表 3-6　颜色代码定义表

线色	代码	线色	代码	线色	代码	线色	代码
红色	R	橙色	O	浅蓝色	Ll	深蓝色	Dl
白色	W	黑色	B	黑白色	B/W	黄紫色	Y/V
黄色	Y	紫色	V	红绿色	R/G	白黄色	W/Y
绿色	G	蓝色	L	白红色	W/R	白蓝色	W/L
棕色	BR	灰色	GR	蓝黄色	L/Y	蓝紫色	L/V
粉红色	P	浅绿色	LG	蓝黑色	L/B	蓝橙色	L/O

3.5.3　熔丝盒示意图

和传统内燃机汽车类似，新能源汽车上仍保留熔丝盒，其正面为熔丝和继电器，背面为接线器，熔丝盒示意图如图 3-73 所示。

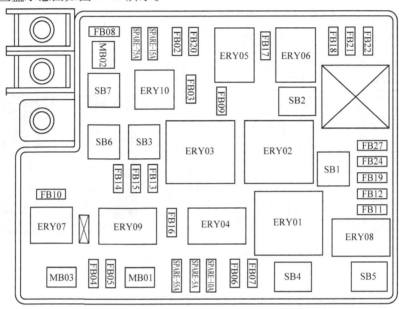

图 3-73　熔丝盒示意图

熔丝盒实物图正面如图 3-74 所示。易熔线盒内为大功率熔丝，如图 3-75 所示。

图 3-74　熔丝盒实物图（正面）

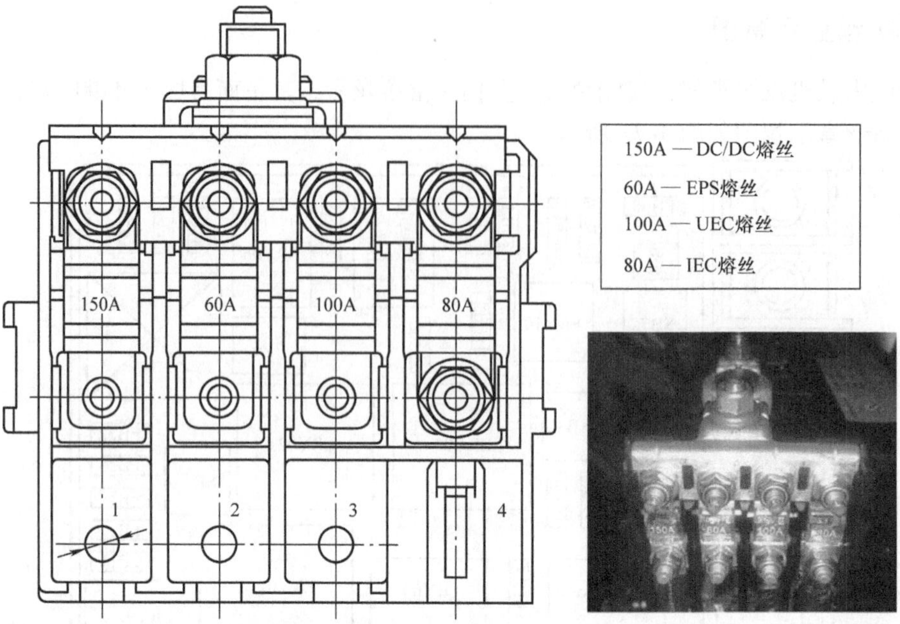

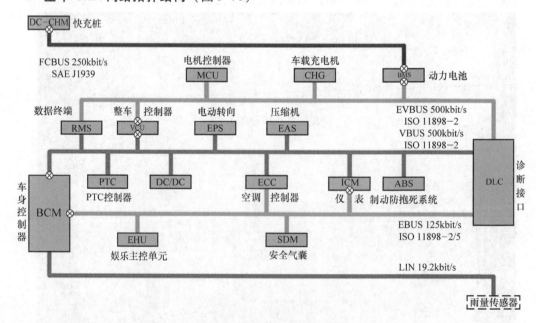

图 3-75　易熔线盒示意图

3.5.4　CAN 网络系统组成

1. 全车 CAN 网络拓扑结构（图 3-76）

图 3-76　整车电气网络拓扑图

2. 新能源 CAN 部分（图 3-77）

与传统汽车不同，新能源汽车一般在传统汽车网络系统上增加一套相对独立的新能源

CAN。其主要作用是用来控制电机控制器、车载充电机、高压控制盒、非车载充电机等部件之间的通信，其信息传递采用高速传输，一般为 500kbit/s。

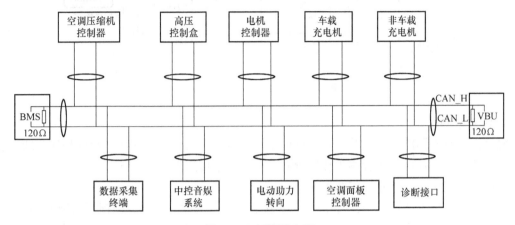

图 3-77　新能源 CAN

3. OBD Ⅱ诊断接口（图 3-78）

针脚	定义	备注
1	EVBUS_H	新能源网络CAN_H
2	BBUS_H	电池内部总线CAN_H
3	EBUS_H	原车低速网络CAN_H
4	地线	地线
5	地线	地线
6	VBUS_H	电辅助网络CAN_H
7	K-LINE	K线
8	——	预留
9	EVBUS_L	新能源网络CAN_L
10	BBUS_L	电池内部总线CAN_L
11	EBUS_L	原车低速网络CAN_L
12	FCBUS_H	快速充电网络CAN_H
13	FCBUS_L	快速充电网络CAN_L
14	VBUS_L	电辅助网络CAN_L
15	L-BUS	LIN线
16	电源(常电)	电源(常电)

图 3-78　OBD 接口

3.5.5　电路常见故障及检查方法

1. 电路故障诊断方法

电路检测时，应遵循一定的流程，掌握相应的检测方法，如图 3-79 所示。

85

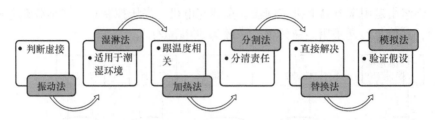

图 3-79　电路故障诊断方法

2. 线束故障

线束作为整车用电器电源及信号的传输系统，极其重要，目前无法取消或替代。线束就相当于人的血管、神经，血管用于传输营养，神经用于传递信号。

线束故障主要有断路和短路两种。

插件故障主要有错针、倒针、虚接、短接、退针、失效、未插、破损等几种。

要想快速解决生产过程中整车出现的用电器故障，必须要有整车电气原理图、整车二维线束图、整车电器控制策略等资料，并对以上资料熟练掌握。

3. 线束故障的排除

必备工具：万用表、插件推出器、拨针、PVC绝缘胶带、尖嘴钳、剥线钳等。

用电器故障检查可通过测试过程的现象说明。

（1）线束插件问题　用电器线束插件出现问题可根据以下步骤进行检查：

① 检查用电器插件与线束插件是否对插，并检查是否对插到位。

② 检查线束与插针是否连接牢固，插件内插针是否出现退针、插针弯曲等异常现象。

③ 根据线束图纸引脚定义检查插件线束位置是否正确。

（2）供电电源问题

① 用万用表检测供电电源是否正常，特别注意电源数值是否在用电器正常工作范围内。

② 检查该用电器对应的熔丝是否熔断，若熔断应立即更换。

③ 检查线路是否出现电线保护层破损漏电现象。

（3）搭铁问题

① 检查用电器线束搭铁点是否与车身搭铁牢固。

② 检查线束搭铁点是否与车身接触、接通良好。

③ 使用万用表检查搭铁线束是否与车身接通良好。

（4）使能电源问题　有些用电器除有供电电源（ACC电、IG电）外，还有使能电源，应确认使能电与档位对应。使能电源是指使它能够接通、操作、执行的电源控制，如VCU控制其动作与否。

（5）控制侧问题

① 检查用电器插件与线束插件是否对插，并检查是否对插到位。

② 检查线束与插针是否连接牢固，插件内插针是否出现退针、插针弯曲等异常现象。

③ 根据线束图纸引脚定义检查插件线束位置是否正确。

④ 使用万用表对相关线路进行导通测试。

（6）对于控制器及灯具的电源　首先使用诊断仪读取故障码，初步确定故障点，指明排查方向。其次应先排查相应熔丝是否烧坏，继电器是否吸合，可将继电器直接短接后看是否有电源；如没有问题，再用万用表对照线束图判断脚位是否正确，是否退针等，对插件电源及地线进行测量是否有电源；如没有问题，再分段排查线束通断是否正常，是否与地线短接，是否与车身短接。

（7）对于控制器信号线　首先了解控制策略及失效模式，初步判断故障点；然后查看终端插件是否有错针、退针、倒针等现象；再用万用表对两端进行通断检查，看是否与车身短接，是否与插件内其他回路短接。

4. CAN 总线检查方法

CAN 总线两个终端分别为 BMS 和 VBU，均内嵌一个 120Ω 的终端电阻。如图 3-80 所示，测量出 CAN 总线 BMS 端的电阻为 120.9Ω，同样在另外一端（即低压线束接头端）也可测出电阻约为 120Ω。

在低压蓄电池负极不接的情况下，正常网络中拨出任一个含 CAN 插件的接头，检查 CAN 线之间的电阻值约为 60Ω，若发现异常则查看终端插件 CAN_H 和 CAN_L 是否有错针、退针、倒针等现象。

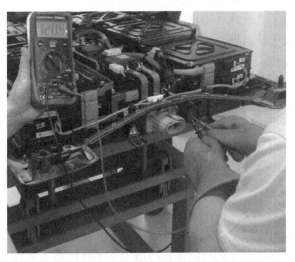

图 3-80　CAN 网络终端电阻检测

在低压蓄电池负极不接的情况下，用万用表对任意一个含 CAN 插件的 CAN 线检查电阻，如不是 60Ω，则逐一拔掉含 CAN 插件，直至出现 60Ω 时，则刚拔插件或用电器存在问题。

若仍没有查明原因，则查 CAN 对地、对电是否短接；如果出现短接，可判断 CAN 线与屏蔽层短接，再拨开 CAN 屏蔽排查。

若检查完毕后，线束系统一切正常。仍没有找到故障原因，则可通过更换用电器判定是否为电器本身故障。

3.6　汽车 VIN 码

现在世界各国汽车公司生产的汽车大部分使用了 VIN（Vehicle Identification Number）车辆识别代号。VIN 车辆识别代号由一组字母和阿拉伯数字组成，共 17 位，又称 17 位识别代号编码。VIN 的每位代号代表着汽车的某一方面信息。按照识别代号顺序，从 VIN 中可以识别该车的生产国别、制造公司或生产厂家、车辆类型、品牌名称、车型系列、车身形式、发动机型号、车型年款、安全防护装置型号、检验数字、装配工厂名称和出厂顺序号码等。我国机械工业部于 2004 年 6 月 21 日发布了 GB 16735—2004《道路车辆 车辆识别代号（VIN）》，规定："2004 年 10 月 1 日后，适用范围内的所有新生产车必须使用车辆识别代号"。

3.6.1 汽车 VIN 码基础知识

1. 基本要求

① 每辆汽车、挂车、摩托车和轻便摩托车都必须具有车辆识别代号。

② 在 30 年内生产任何车辆的识别代号不得相同。

③ 车辆识别代号应尽量位于车辆的前半部分，在易于查看且能防止磨损或替换的部位。

④ 9 座或 9 座以下乘用车辆和最大总质量小于或等于 3.5t 的载货汽车的车辆识别代号应位于仪表板上，在白天日光照射下，观察者不需移动任一部件，从车外即可分辨出车辆识别代号。

⑤ 车辆识别代码的字码在任何情况下都应是字迹清楚、坚固耐久和不易替换的。车辆识别代码的字码高度：若直接打印在汽车和挂车（车架、车身等部件）上，至少应为 7mm 高；其他情况至少应为 4mm 高。

⑥ 车辆识别代号仅能采用下列阿拉伯数字和大写拉丁字母：

1 2 3 4 5 6 7 8 9 0 A B C D E F G H J K L M N P R S T U V W X Y Z（不应采用字母中 "I" 和 "O"）

⑦ 车辆识别代号在文件上表示时应写成一行，且不能有空格，打印在车辆或车辆标牌上时也应标示在一行。特殊情况下，由于技术原因必须标示在两行上时，两行之间不应有间隙，每行的开始与终止处应选用一个分隔符表示连接。分隔符必须是不同于车辆识别代号所用的任何字码，且不易与车辆识别代号中的字码相混淆的其他符号。

2. 基本内容

车辆识别代号由三个部分组成，第一部分：世界制造厂识别代号（WMI）；第二部分：车辆说明部分（VDS）；第三部分：车辆指示部分（VIS），如图 3-81 所示。

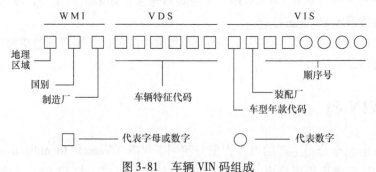

图 3-81 车辆 VIN 码组成

第一部分——世界制造厂识别代号，必须经过申请、批准和备案后方能使用。

① 世界制造厂识别代号的第一位字码是标明一个地理区域的字母或数字；第二位是标明一个特定地区内的一个国家或地区的字母或数字。第一、二位字码的组合将能保证国家或地区识别标志的唯一性。第三位字码是标明某个特定的制造厂的字母和数字。第一、二、三位字码的组合能保证制造厂识别标志的唯一性。常见国家代码如表 3-7 所示。

表3-7 VIN码常见国家代码

代码	国家	代码	国家	代码	国家	代码	国家
1、4	美国	9	巴西	Z	意大利	W	德国
2	加拿大	J	日本	S	英国	Y	瑞典
3	墨西哥	K	韩国	T	瑞士	F	法国
6	澳大利亚	L	中国	F	法国		

② 对于年产量≥500辆的制造厂，世界制造厂识别代号有以上所述的三位字码组成。对于年产量<500辆的制造厂，世界制造厂识别代号的第三位字码为数字9。此时车辆指示部分的第三、四、五位字码与第一部分的三位字码作为世界制造厂识别代号。部分常见汽车制造商代码见表3-8。

表3-8 部分常见汽车制造商代码

代码	制造商	代码	制造商	代码	制造商
1	雪佛兰	B	宝马	F	福特
4	别克	M	现代	S	斯巴鲁
6	凯迪拉克	B	道奇	T	丰田
8	五十铃	C	克莱斯勒	H	讴歌
N	日产	D	奔驰	M	三菱
H	本田	V	大众	A	阿尔法·罗密欧
V	沃尔沃	A	捷豹	Y	马自达
L	林肯	G	所有属于通用汽车的品牌		

③ 第三位为汽车类型代码（不同汽车厂商有不同的解释），对于年产量<500辆的汽车制造厂来说，其VIN码的第三位用数字"9"表示。对于年产量≥500辆的汽车制造厂，汽车制造厂商多用VIN码的前三位组合来共同表示其特定的品牌。常见汽车生产厂商VIN码前三位识别代码如表3-9所示。

表3-9 常见生产厂家VIN识别代码

代码	生产商	代码	生产商
LHG	广州本田	LFV	一汽大众
LEN	北京吉普	LSV	上汽大众
JHM	日本本田	JNI	日本日产
1LN	美国福特	WDB	德国奔驰
LSG	上汽通用	LNB	北京现代

第二部分——车辆说明部分，由六位字码组成，如果制造厂不需用其中的一位或几位字

码，应在该位置填入制造厂选定的字母或数字占位。此部分应能识别车辆的一般特性，其代码及顺序由制造厂决定。车辆说明部分从 VIN 码的第 4 位开始，其中 4~8 位表示汽车特征，如表 3-10 所示。

表 3-10　VIN 码车辆说明部分各数值对应表

车辆类别	第 4 位	第 5 位	第 6 位	第 7 位	第 8 位
乘用车、MPV、SUV	种类	系列	车身类型	发动机类型	约束系统
载货车	型号或种类	系列	底盘、驾驶室类型	发动机类型	制动系统及额定总重
客车	型号或种类	系列	车身类型	发动机类型	制动系统

第 9 位 为校验位，由数字 0~9 或字母"X"组成，主要用作核对 VIN 码的准确性。由其他 16 位数字或字母决定其数值（用于防止对 VIN 码造假）。

第三部分——车辆指示部分，由八位字码组成，其最后四位字码应是数字。

① 第一位字码（即 VIN 码的第 10 位）指示年份。年份代码按表 3-11 规定使用（每 30 年循环一次）。

表 3-11　VIN 码第 10 位（年份代码）

年份	代码	年份	代码	年份	代码	年份	代码
2001	1	2011	B	2021	M	2031	1
2002	2	2012	C	2022	N	2032	2
2003	3	2013	D	2023	P	2033	3
2004	4	2014	E	2024	R	2034	4
2005	5	2015	F	2025	S	2035	5
2006	6	2016	G	2026	T	2036	6
2007	7	2017	H	2027	V	2037	7
2008	8	2018	J	2028	W	2038	8
2009	9	2019	K	2029	X	2039	9
2010	A	2020	L	2030	Y	2040	A

② 第二字码可用来指示装配厂，若无装配厂，制造厂可规定其他的内容。

③ 如果制造厂生产的某种类型的车年产量≥500 辆，第 3 至第 8 位字码表示生产顺序号；如果制造厂的年产量<500 辆，则此部分的第 3、4、5 位字码应与第一部分的三位字码一起作为世界制造厂识别代号。

3.6.2　新能源汽车 VIN 码

新能源汽车 VIN 码的编码规则仍按照 GB 16735—2004《道路车辆 车辆识别代号

（VIN)》执行。当对车辆进行维护保养和维修时，应在工单上记录车辆 VIN 码信息。如果和新能源汽车生产企业的服务管理部门联络时，应提供车辆识别代号（VIN 码）。如果沟通时涉及驱动电机或变速器，也有可能使用这些代码。

1. VIN 码位置

VIN 码常见位置：主驾驶前风窗下方仪表板左上角、前排乘客座椅下方前横梁上平面、车辆铭牌上，如图 3-82 所示。

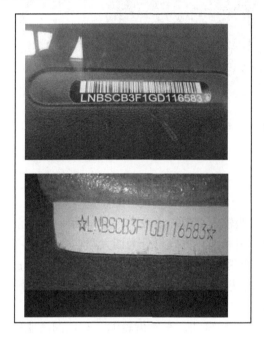 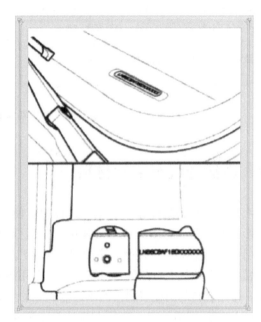

图 3-82　主驾驶前风窗下方仪表左上角、前排乘客座椅下方前横梁上平面的 VIN 码

2. 车辆证明标牌

VIN 铭牌被印在右边车门柱底部的标牌上、前机舱内、右侧 B 柱的车身固定处。门柱上的 VIN 铭牌（图 3-83）包含以下信息：

① 车辆识别代号（VIN 码）。

② 车辆品牌。

③ 整车型号。

④ 电机型号。

⑤ 电机额定功率。

⑥ 电机峰值功率。

⑦ 电池型号。

⑧ 电池容量。

⑨ 标称电压。

⑩ 乘员数。

⑪ 整备质量。

⑫ 最大设计总质量。

⑬ 制造年月。

图 3-83　前排乘客侧 B 柱车辆铭牌

3.7　新能源汽车运行材料

汽车运行材料是指在车辆运行过程中，使用周期较短，消耗量较大，对车辆使用性能有较大影响的一些非金属材料。按其对汽车运行的作用和消耗方式可分为四大类：

（1）车用燃料　车用燃料主要包括车用汽油、车用柴油、车用替代燃料（如甲醇、乙醇、乳化燃料、天然气、石油气、氢气）等。车用燃料的使用性能对汽车的动力性、排放性有直接影响。车用燃料的消耗费用占汽车运输成本的1/3左右，直接影响汽车使用的经济性。

（2）车用润滑油料　车用润滑油料主要包括车辆润滑油、车辆齿轮油、车用润滑脂等。车用润滑油料的润滑性能、低温流动性能直接影响汽车运动件的有效润滑，其运动黏度直接影响汽车的传动效率，如选用不当，会导致汽车起步困难，并缩短汽车的使用寿命。

（3）车用工作液　车用工作液主要包括液力传动油、汽车制动液、液压系统用油、车用冷却液、车用空调制冷剂、风窗玻璃清洗液等。车用工作液的消耗费用与其他运行材料相比，虽然较少，但其对汽车性能（如行驶安全性、行驶舒适性等）有显著的影响。选用的合理与否，对节约车用燃料和车用润滑油料，发挥车辆动力性，延长汽车使用寿命，有重要影响。

（4）汽车轮胎　轮胎是汽车行驶系统的主要组成部分之一，使用的合理与否，直接关系到汽车的行驶安全性和使用经济性。

3.7.1　工作液

1. 冷却液

冷却液的全称是防冻冷却液，是指有防冻功能的冷却液，可以防止寒冷季节停车时，冷却液结冰而胀裂散热器或冻坏气缸体。纠正一个误解：防冻液不仅仅在冬天使用，它应该是全年使用。正常的汽车保养项目中，每年需更换车辆冷却液一次，如图3-84所示。

（1）冷却液性能　冷却液由水、防冻剂、添加剂三部分组成，按防冻剂成分不同可分为酒精型、甘油型、乙二醇型等。酒精型冷却液是用乙醇（俗称酒精）作防冻剂，价格便宜，流动性好，配制工艺简单，但沸点较低、易蒸发损失、冰点易升高、易燃等，现已逐渐被淘汰；甘油型冷却液沸点高、挥发性小、不易着火、无毒、腐蚀性小，但降低冰点效果不佳、成本高、价格昂贵，用户难以接受，只有少数北欧国家仍在使用；乙二醇型冷却液是用乙二醇作防冻剂，并添加少量抗泡沫、防腐蚀等综合添加剂配制而成。由于乙二醇易溶于水，可以任意比例配成各种冰点的冷却液，其最低冰点可达 -68℃，这种冷却液具有沸点高、泡沫倾向低、粘温

图 3-84　汽车冷却液

性能好、防腐和防垢等特点，是一种较为理想的冷却液，目前国内外车辆所使用的和市场上所出售的冷却液几乎都是乙二醇型冷却液。

（2）冷却液作用

1）冬季防冻。为了防止汽车在冬季停车后，冷却液结冰而造成散热器、气缸体胀裂，要求冷却液的冰点应低于该地区最低温度10℃左右，以备天气突变。

2）防腐蚀。冷却系统中的散热器、水泵、缸体及缸盖、分水管等部件是由钢、铸铁、黄铜、紫铜、铝、焊锡等金制组成，由于不同金属的电极电位不同，在电解质的作用下容易发生电化学腐蚀；同时，冷却液中的二元醇类物质分解后形成的酸性产物、燃料燃烧后形成的酸性废气也可能渗透到冷却系统中，导致冷却系统腐蚀。冷却系统腐蚀会使散热器的下水室、喷油嘴隔套、冷却管道、接头以及排管发生故障，同时腐蚀产物堵塞管道，引起车辆过热甚至瘫痪；若腐蚀穿孔，冷却液渗入燃烧室或曲轴箱会产生严重的破坏，因为当冷却液与润滑油混合时，产生油污和胶质，削弱润滑，使得液压阀及其推杆和活塞环粘结。因而冷却液中都加入一定量的防腐蚀添加剂，防止冷却系统产生腐蚀。

3）防水垢。应尽量减少冷却液在循环中产生的水垢，以免堵塞循环管道，影响冷却系统的散热功能。因此，在选用、添加冷却液时，应该慎重。首先，应该根据具体情况选择合适配比的冷却液。其次，将选择好配比的冷却液添加到散热器中时，使液面达到规定位置即可。

4）防"开锅"符合国家标准的冷却液，沸点通常都超过105℃，比起水的沸点100℃，冷却液能耐受更高的温度而不沸腾（俗称"开锅"），在一定程度上满足了高负荷车辆的散热冷却需求。

（3）注意事项　正确使用冷却液，可起到防腐蚀、防穴蚀渗漏、防散热器"开锅"、防水垢和防冻结等作用，能够使冷却系统始终处于最佳的工作状态，保证车辆的正常工作温度。如果使用中不注意，将严重影响车辆正常工作性能和寿命。

1）要坚持常年使用冷却液。对于传统车辆，能够保证车辆正常工作的冷却液温度为80~90℃，但由于新能源车辆高转速、高压缩比和高功率的工作特点，其机械负荷及热负荷较大，摩擦热较高，因而对冷却液正常工作温度的要求已提高到95~105℃。此外，要注意冷却液使用的连续性，那种只想在冬季使用冷却液的观点是错误的，因为不能只知道利用冷却液的防冻功能，而忽视了冷却液的防腐、防沸、防垢等作用。

2）正确选用。选用冷却液时，其冰点要低于环境最低温度10℃左右。汽车配件市场上的冷却液种类多，大多"冷却液"实际上只是"防冻液"，是用醇和水混合后添加色素制成的，其内无任何冷却液应该具有的添加剂，沸点在90℃左右，腐蚀性较强，难以防止车辆过热现象的发生。

3）分辨真伪的方法。优质冷却液颜色醒目、清亮透明且无异味。还可以用烧杯加热冷却液，用温度表测量其沸点，沸点在100℃以上才为真品，沸点不足100℃者为伪品。

2. 齿轮油

齿轮油是以石油润滑油基础油或合成润滑油为主，加入极压抗磨剂和油性剂调制而成的一种重要的润滑油。用于润滑各种齿轮传动装置，以防止齿面磨损、擦伤、烧结等，延长其使用寿命，提高传递效率。齿轮油应具有良好的抗磨性、耐负荷性和合适的黏度。此外，还应具有良好的热氧化安定性、抗泡性、水分离性能和防锈性能。由于齿轮负荷一般都在490MPa以上，而双曲线齿面负荷更是高达2942MPa，为防止油膜破裂造成齿面磨损和擦伤，在齿轮油中常加入极压抗磨剂，普遍采用硫-磷或硫-磷-氮型添加剂，如图3-85所示。

图3-85　车辆齿轮油

（1）齿轮油性能

1）合适的黏度，黏度是齿轮油最基本的性能。黏度大，形成的润滑油膜较厚，抗负载能力相对较大。

2）足够的极压抗磨性。极压抗磨性是齿轮油最重要的性质、最主要的特点，是赖以防止运动中齿面磨损、擦伤、胶合的性能。

3）良好的抗乳化性。齿轮油遇水发生乳化变质会严重影响润滑油膜的形成，进而引起擦伤、磨损。

4）良好的氧化安定性和热安定性。良好的热氧化安定性有利于保证油品的使用寿命。

5）良好的抗泡性。生成的泡沫不能很快消失将影响齿轮啮合处油膜的形成，夹带泡沫使实际工作油量减少，影响散热。

6）良好的防锈、防腐蚀性。腐蚀和锈蚀不仅破坏齿轮的几何学特点和润滑状态，腐蚀与锈蚀产物还会进一步引起齿轮油变质，产生恶性循环。

此外，齿轮油还应具备其他一些性能，如粘附性、剪切安定性等。目前我国多数中、重负荷工业齿轮油所用的极压添加剂以硫-磷型为主，与国外同类产品质量水平相当。

（2）齿轮油的作用

1）降低齿轮及其他运动部件的磨损，延长齿轮寿命。

2）降低摩擦，减少功率损失。

3）分散热量，起一定的冷却作用。

4）防止腐蚀和生锈。

5）降低工作噪声、减少振动及齿轮间的冲击作用。

6）冲洗污物，特别是冲去齿面间污物，减轻磨损。

（3）齿轮油的正确使用

1）根据齿轮工作条件的苛刻程度选用使用等级。齿轮工作条件的苛刻程度是由齿轮的类型及其工作时的负荷和表面滑移速度决定的。普通齿轮传动可选用普通车辆齿轮油，准双曲面齿轮传动必须选用准双曲面齿轮油。若汽车在山区或满载拖挂行驶，并经常处于高负荷状态下时，工作条件苛刻、油温较高，也可以选用准双曲面齿轮油。

2）依据季节气温选择黏度等级。

齿轮油的低温黏度达 150000mPa·s 时的最高温度决定其适用的最低气温，因此齿轮油的黏度等级一般是根据不同地区或季节的气温情况来选择的。气温高时，选择黏度高的齿轮油；气温低时，选择黏度低的齿轮油。如长江流域及其他冬季气温不低于 –10℃ 的地区，全年可用 90 号油；长江以北冬季气温不低于 –26℃ 的寒区，全年可用 80W/90 号油；黑龙江、内蒙古、新疆等冬季气温在 –26℃ 以下的严寒区，冬季使用 75W 号油，夏季换用 90 号油；其他地区全年可用 85W/90 号油。

3. 制动液

制动液（图 3-86）是液压制动系统中传递制动压力的液态介质，在采用液压制动系统的车辆中使用。制动液俗称刹车油或迫力油，它的英文名为 Brake Fluid，是制动系统制动不可缺少的部分。

制动液是用于液压制动系统中传递压力以制止车轮转动的一种功能性液体，其工作压力一般在 2MPa 以上，高的可达 4~5MPa。具有不可压缩特性，在密封的容器中或充满液体的管路中受到压力作用时，便会很快地、均匀地把压力传到液体的各个部分，液压制动便是利用这个原理工作的。

（1）类型　制动液有三种类型：蓖麻油–醇型、合成型、矿油型。

图 3-86　制动液

1）蓖麻油–醇型：由 45%~55% 精制的蓖麻油和 55%~45% 低碳醇（乙醇或丁醇）调配而成，经沉淀获得无色或浅黄色清彻透明的液体，即醇型汽车制动液。蓖麻油加乙醇为醇型 1 号，蓖麻油加丁醇为醇型 3 号。醇型制动液的原料容易得到，合成工艺简单，产品润滑性好；缺点是沸点低，低温时性质不稳定。醇型 1 号在 45℃ 以上易出现乙醇蒸气，产生气阻；在 –25℃ 以下时蓖麻油呈乳白色胶状物析出，并随温度降低而增加，堵塞制动系统，使制动系统沉重失灵。在醇型 3 号的皮碗试验中发现，制动液颜色稍变深，丁醇稍有溶解腐蚀橡胶的现象，在 –28℃ 时也有白色沉淀物析出。

2）合成型：用醚、醇、酯等掺入润滑、抗氧化、防锈、抗橡胶溶胀等添加剂制成。

3）矿油型：用精制的轻柴油馏分加入稠化剂和其他添加剂制成。

（2）性能要求

1）黏度高，凝固点低，低温流动性好。

2）沸点高，高温下不产生气阻。

3）使用过程中品质变化小，不引起金属件和橡胶件的腐蚀和变质。

4）在高温、严寒、高速、湿热等工况条件下保证灵活传递制动力。

95

5）能够有效润滑制动系统的运动部件，延长制动分泵和皮碗的使用寿命。

（3）制动液的选择

1）沸点越高越好。沸点不低于205℃，当汽车长时间行驶、在高速或下坡行驶时，制动摩擦面温度会高达数百摄氏度。制动液温度随着制动蹄片温度升高而升高，若制动液沸点不够高，制动液汽化，产生气泡，导致制动发软，不能立即达到制动的目的，就不能保证行车安全。

2）对制动系统各种金属的防锈性要好。一般制动液腐蚀性较强，但优质制动液对各类金属的防腐、防锈能力强，可延长制动油泵寿命。

3）低温流动性要好，这对于严寒地区特别重要。在严寒时使用优质制动液，制动一样灵敏、可靠，而使用劣质制动液时，由于低温性能差，凝固点高，低于-20℃时就会有凝固现象发生，将大大影响行车安全。

4）对各种橡胶不腐蚀。优质制动液使用后极少发生皮碗严重膨胀变形现象。若使用劣质制动液，皮碗容易膨胀变形，导致车辆漏油、制动时翻转，造成事故。标准制动液膨胀率一般在0.1%~5%之内。

5）长期使用无沉淀物。制动液长期在高温状态下使用，质量不稳定就会产生热分解，产生沉淀物，同样影响制动性能。

（4）使用注意事项　制动液是汽车制动系统中很关键的部分，关系着车主的切身安全。在制动液的使用上要注意以下五点：

1）不同类型和不同品牌的制动液不要混合使用。由于配方不同，制动液混合使用会造成制动性能下降。

2）制动液吸入水分或有杂质时，应及时更换或过滤，否则会造成制动压力不足，影响制动效果。我国华南地区天气总体较为潮湿，这点尤为重要。

3）车辆正常行驶4万km或制动液连续使用两年以上，制动液很容易由于使用时间过长而变质，应及时更换。

4）车辆正常行驶中，若出现制动忽轻忽重时，要对制动液及时更换，并在更换前先用酒精清洗制动系统。

5）车辆制动出现跑偏时，应选择质量比较好的制动液更换，同时更换皮碗。

4. 玻璃水

汽车玻璃水（图3-87）广泛用于汽车风窗玻璃、后视镜等多种玻璃的快速去污、光亮清洗。

（1）玻璃水性能特点

1）清洗性能：玻璃水是由多种表面活性剂及添加剂复配而成。表面活性剂通常具有润湿、渗透、增溶等功能，从而起到清洗去污的作用。

2）防冻性能：能显著降低液体的冰点，从而起到防冻的作用，能很快溶解冰霜。

图3-87　汽车玻璃水

3）防雾性能：能使玻璃表面形成一层单分子保护层。这层保护膜能防止形成雾滴，保证风窗玻璃清澈透明、视野清晰。

4）抗静电性能：用玻璃水清洗后，吸附在玻璃表面的物质，能消除玻璃表面的电荷。

5) 润滑性能：黏度较大，可以起润滑作用，减少刮水器与玻璃之间的摩擦，防止产生划痕。

6) 防腐蚀性能：玻璃水中含有多种缓蚀剂，对金属没有任何腐蚀作用，保证汽车面漆、橡胶绝对安全。

7) 高效洁净：彻底去除光滑表面的尘垢、污渍，一擦即亮。

8) 无需过水，不留水痕，持久光洁。

（2）玻璃水的种类　市场上的玻璃水可分为三大类，第一类是夏季用的，在原成分基础上增加了除虫胶成分，可以更快速地清除撞在风窗玻璃上的飞虫残留物，对汽车前风窗的飞虫残留痕迹也有很好的清除效果；第二类是冬季专用的防冻型玻璃水，能保证在外界气温低于 -20℃ 时，依旧不会结冰。冬季天气寒冷而路上又需要清洗风窗玻璃时，玻璃水不仅能够有效清洁，还能够起到吸收静电的作用；第三类是特效防冻型玻璃水，保证在 -40℃ 时依旧不结冰，适合我国最北部的严寒地区使用。

5. 助力转向油

助力转向是汽车上的一种增加驾驶舒适性的新技术，在转向的时候自动提供转向助力，从而减轻驾驶人的劳动强度，而助力转向油就是加注在助力转向系统里面的一种介质油，起到传递转向力和缓冲的作用。

助力转向油（图3-88）是汽车助力转向泵里面用的一种特殊液体，通过液压作用，可以使转向盘的操作变得非常轻巧，与自动变速器油液、制动油液等油液类似，使用时加入助力转向油罐（图3-89）中。

图 3-88　助力转向油　　　　　　　　图 3-89　助力转向油罐

（1）更换周期　一般汽车厂家并不严格规定助力转向油的更换周期。参考国外汽车公司的汽车保养要求，并结合我国的道路状况、空气质量和使用人员的技术水平等因素，建议为防止助力转向油过脏或变质，两年或三万 km 更换一次转向助力油。

（2）注意事项

1) 助力转向油含有致癌物质，如果沾到皮肤应及时清洗干净。

2) 助力转向油有腐蚀性，可能导致油漆失去光泽，也会导致橡胶配件老化，如有沾染应及时清洗。

3) 配有液力助力转向系统的汽车，在使用过程中避免把转向盘转到极限位置（俗称"打死"），因为长时间那样会烧蚀助力转向油泵。

6. 汽车空调制冷剂和冷冻油

汽车空调制冷剂属于中温（中压）制冷剂，温度范围内 -60 ~ 0℃，压力范围为

0.3～2.0MPa。主要有 R12、R134a、R404a 等。因为 R12 对大气臭氧层有严重破坏作用，并产生温室效应，危及人类赖以生存的环境，因此它已禁用。

图 3-90 R134a

（1）R134a 型空调制冷剂 R134a（图 3-90）的标准蒸发温度为 –26.5℃，凝固点为 –101℃，属中温制冷剂。它的特性与 R12 相近，无色、无味、无毒、不燃烧、不爆炸。汽化潜热比 R12 大，与矿物性润滑油不相溶，必须采用聚脂类合成油（如聚烯烃乙二醇）。与丁腈橡胶不相溶，须改用聚丁腈橡胶作密封元件。吸水性较强，且易与水反应生成酸，腐蚀制冷机管路及压缩机，故对系统的干燥度提出了更高的要求，系统中的干燥剂应使用 XH – 7 或 XH – 9 型分子筛，压缩机线圈及绝缘材料须加强绝缘等级。击穿电压、介电常数比 R12 低。热导率比 R12 高 30% 左右。对金属、非金属材料的腐蚀性及渗漏性与 R12 相同。R134a 对大气臭氧层无破坏作用，但仍有一定的温室效应（GWP 值约为 0.27），目前是 R12 的主要替代工质之一。

（2）冷冻油 用于制冷压缩机内各运动部件的润滑油称为冷冻油。在压缩机中，冷冻油主要起润滑、密封、降温及能量调节等作用。

1）润滑。冷冻油在压缩机运转中起润滑作用，以减少压缩机运行摩擦和磨损程度，从而延长压缩机的使用寿命。

2）密封。冷冻油在压缩机中起密封作用，使压缩机内活塞与气缸面之间、各转动的轴承之间达到密封的作用，以防止制冷剂泄漏。

3）降温。冷冻油在压缩机各运动部件间润滑时，可带走工作过程中所产生的热量，使各运动部件保持较低的温度，从而提高压缩机的效率和使用的可靠性。

4）能量调节。对于带有能量调节机构的制冷压缩机，可利用冷冻油的油压作为能量调节机械的动力。

（3）操作与保存制冷剂机油时的注意事项

1）制冷剂不能开盖保存，应保存在干燥、密闭的容器中，放在阴暗处（特别是在高湿度地区）。

2）用完后应立即关闭打开的盖子，防止空气中水分进入。

3）不同的空调系统应使用该系统规定的制冷剂，因为不相溶的油混合物会引起空调系统的严重损坏。

4）更换系统部件时应适量补充制冷剂。

5）应按空调系统规定量添加制冷剂。

3.7.2 轮胎

轮胎是汽车的重要部件之一，如图 3-91 所示，它直接与路面接触，和汽车悬架共同缓和汽车行驶时所受到的冲击，保证汽车有良好的乘坐舒适性和行驶平顺性；保证车轮和路面有良好的附着性；提高汽车的牵引性、制动性和通过性；承受着汽车的重力，轮胎在汽车上所起的重要作用越来越受到人们的重视。

轮胎按结构可分为子午线轮胎、斜交轮胎；按轮胎花纹分类

图 3-91 汽车轮胎

可分为条形花纹轮胎、横向花纹轮胎、混合花纹轮胎、越野花纹轮胎。轮胎按适用车型大概可分为 8 种：PC—轿车轮胎，LT—轻型载货汽车轮胎，TB—载货汽车及大客车胎，AG—农用车轮胎，OTR—工程车轮胎，ID—工业用车轮胎，AC—飞机轮胎，MC—摩托车轮胎。备胎按照尺寸可分为全尺寸备胎和非全尺寸备胎。

（1）子午线轮胎　乘用车的车轮一般使用子午线轮胎，如图 3-92 所示。子午线轮胎的规格包括宽度、高宽比、内径和速度极限符号等。以丰田 CROWN3.0 轿车为例，其轮胎规格是 195/65R15，195 表示轮胎两边侧面之间的宽度是 195mm，65 表示高宽比，R 代表单词 Radial，表示子午线轮胎，15 表示轮胎的内径，单位为英寸（in）。有些轮胎还标注有速度极限，分别用 P、R、S、T、H、V、Z 等字母代表各速度极限值。轮胎规格举例见图3-93。

图 3-92　子午线轮胎

特别需要指出的是高宽比，其含义是轮胎胎壁高度占胎宽的百分比。现代轿车轮胎的高宽比多在 50 与 70 之间，数值越小，轮胎形状越扁平。随着车速的提高，为了降低轿车的重心和轴心，轮胎的直径不断缩小。为了保证有足够的承载能力，改善行驶的稳定性和抓地力，轮胎和轮圈的宽度不断加大。因此，轮胎的截面形状由原来的近似圆形向扁平化的椭圆形发展。

子午线轮胎的特点是帘布层帘线排列的方向与轮胎的子午断面一致（即胎冠角为 0°），由于帘线的排列方式，使帘线的强度能得到充分利用，子午线轮胎的帘布层数一般比普通的斜线胎约可减少 40%～50%。帘线在圆周方向只靠橡胶来联系。

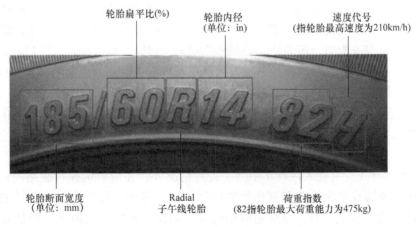

图 3-93　轮胎规格

子午线轮胎与普通斜线胎相比，具有弹性大、耐磨性好，可使轮胎使用寿命提高30%～50%，滚动阻力小，可降低汽车油耗 8% 左右，附着性能好，缓冲性能好，承载能力大，不易穿刺等优点。缺点是：胎侧易裂口，由于侧面变形大，导致汽车侧向稳定性差，制

99

造技术要求及成本高。

（2）使用注意事项

1）汽车起步不可过猛，无论空载、满载都应低速平稳起步。避免轮胎与地面滑磨，以减少胎面磨损。

2）在良好路面上行驶时，应保持直线前进，除会车和避让障碍物外，禁止左右摇摆和急剧转向，以防轮胎和轮辋之间产生横向切割力损伤轮胎。

3）车辆下长坡时应根据坡度大小、长度和道路情况，适当控制车速。在坡长、路陡、路况复杂的情况下，应挂档行驶，并利用轻微制动控制车速下坡，这样不但可以避免紧急制动，减少轮胎磨损，而且安全行车也有保障。

4）车辆上坡时，应尽量利用惯性行驶，适时变速，及时换档，上坡时要保持车辆有适当的余力，不要等车停了再重新起步，以减少轮胎的磨损。

5）行车转弯应根据弯道情况控制车速，不要高速转弯，否则车辆产生较大的离心力，使车载货物倾斜，质心偏移一侧，单边轮胎超载拖曳，加速磨耗，同时还会使轮胎被轮辋横向切割，造成损坏。

6）在复杂情况下（会车、超车、通过城镇、交叉路口、过铁路）行驶时，应掌握适当的行车速度，减少频繁制动，避免紧急制动，否则造成轮胎与地面之间的滑动摩擦，致使胎面严重磨损。

7）在不良道路上行驶时，应减速慢行，并仔细观察，择路通过，通过后应停车检查双胎之间是否夹有石子，如有应及时排除。

8）车辆途中停车和到场停车时，要养成安全滑行的停车习惯。在停车前要选择地面平整、干净和无油污的地面停放，每条轮胎都要平稳落地，尤其是车辆装载过夜，更应该注意选好停放地点，必要时将后轮顶起。

（3）维护保养方法

1）注意轮胎气压。气压是轮胎的命门，过高和过低都会缩短它的使用寿命。气压过低，胎体变形增大，胎侧容易出现裂口，同时产生屈挠运动，导致过度生热，促使橡胶老化，帘布层疲劳、帘线折断，还会使轮胎接地面积增大加速胎肩磨损。气压过高，会使轮胎帘线受到过度的伸张变形，胎体弹性下降，使汽车在行驶中受到的负荷增大，如遇冲击会产生内裂和爆破，同时气压过高还会加速胎冠磨损，并使耐轧性能下降。

2）定期检查前轮定位。前轮定位对轮胎的使用寿命影响较大，其中前轮前束和前轮外倾为最主要因素。前轮外倾主要会加速胎肩的磨损即偏磨；前轮前束过小或过大会加速轮胎内外侧的磨损。

3）注意驾驶方式。驾驶人在行车中除了处理情况外，还应要选择行驶路面，躲避锋利的石头、玻璃、金属等可能扎破和划伤轮胎的物体，躲避化学遗洒物质对轮胎的粘附、腐蚀。行驶在拱度较大的路面时，要尽量居中行驶，减少一侧轮胎负荷增大而使轮胎磨损不均。超载、急速转弯、紧急制动、高速起步以及急加速等都对轮胎的磨损产生影响，是驾驶人在行车中要避免的。

4）根据道路情况行车。

路面的种类及状况对轮胎使用寿命的影响很大，驾驶人应根据道路条件选择路面。掌握适当的行车速度，对增加轮胎的行驶里程具有积极作用。

车辆在平整、宽敞且视野良好的道路上行驶时，如高速公路、国道线和省道线等，可根据车辆本身的技术条件和轮胎的性能适当提高车速，但也不宜过高，否则影响行车安全，降低轮胎的使用寿命。在不平整的碎石路和矿区路上行驶时，由于尖石裸露或路边石块锐利，极易损坏轮胎，应注意选择路面并在较低车速下行车，以防止轮胎爆破损坏。

在冰雪路面上行驶时，由于路面与车轮的摩擦系数较小，要注意防滑；若车轮打滑，应立即停车，试行倒退，另选路线前进，若倒退仍打滑，则应排除车前后和两旁的冰雪，或将后轮顶起，铺上石块、砖头、稻草，以便车辆通行。不要猛踏加速踏板，强行起步，以免轮胎越陷越深，原地空转剧烈生热，导致轮胎胎面及胎侧严重刮伤、划伤，甚至剥离掉块。在转弯频繁的路面上或陡坡上行驶时，轮胎受到部分拖曳，即使路面条件较好，也应当在较低车速下行驶，以减少轮胎磨耗，确保行车安全。

5）掌握轮胎的温度变化。

炎热天气行车，由于外界气温较高，轮胎积热散发困难，由于行车速度快、运距长，道路条件恶劣等原因，胎温急剧上升，胎内气压也随之增加，从而加速橡胶老化，降低帘线与橡胶的粘合力，致使帘布层脱空或轮胎爆裂，故炎热天气行车应注意控制轮胎的使用温度。在酷热时行车，除应适当降低车速外，有条件的情况下可在早晚气温较低时行车，或车辆行驶一定距离后停车休息，防止胎温过高。严禁采用放气降压的做法，因放气后轮胎变形增大，会使胎温升高，最后也会因过热而使轮胎损坏。在气温低的季节，因为轮胎在使用时散热快，不容易产生高热，胎面较为耐磨。在气温低的季节，特别是严寒天气，车辆过夜或长时间停放后重新行驶时，为了提高轮胎温度，最好在刚起步阶段以低速行驶为宜。

（4）轮胎更换频率

1）胎面损耗接近磨损标记时应更换。任何品牌的轮胎都会在胎面沟槽底部设置一个磨损标记。一般轿车轮胎的磨损标记高度为 1.6mm（这个高度也是法定的轮胎最小沟槽深度），载重轮胎上的磨损标记高度为 2.4mm。有的驾驶人认为只要轮胎没破，即使轮胎花纹快磨光了仍继续用，这样的旧轮胎其实是十分危险的。当遇上湿滑路面时，胎面花纹无法将轮胎下方的积水完全排出，很容易导致车辆失控。

2）轮胎出现裂缝或鼓包等受损情况时应更换。在日常用车的过程中，轮胎或被异物扎到，或不小心撞到马路牙子，这些都会导致轮胎受损。轮胎受损的情况包括胎面裂缝、胎面鼓包、胎面橡胶缺失、胎侧磨损严重、轮胎多次被异物扎到等。尤其是鼓包，轮胎随时都会有爆裂的危险。只要发现轮胎出现这些受损情况，就要尽早到专业的轮胎店检查轮胎，及时更换。

3）轮胎年限到期时要及时更换。轮胎的使用年限通常在 5 年左右，超过这个年限，轮胎就会开始老化。轮胎老化的主要表现首先是表面硬化，继而出现龟裂纹。老化的轮胎会失去应有的弹性，继续使用的话会导致胎面变形，存在爆胎风险。

（5）轮胎养护注意事项

1）提高对轮胎安全性的认识。平时要多检查轮胎，特别是上高速前，一定要做充分细致地检查，除了胎压之外，还要观察轮胎侧面是否有裂口、胎面磨损状况，发现隐患应及时排除。

2）定期修正车轮平衡度。车轮不平衡度超标，高速行驶时将会产生高频的摆动，造成轮胎偏磨，不利于行车安全。轮胎修补后应该进行动平衡检测调整，轮胎单边动平衡检测值应小于等于40g。

3）定期实施轮胎换位。为保持同一辆车上轮胎磨损均匀，车辆每行驶 5000km 应做一次轮胎换位，每行驶 5000～10000km 做一次四轮定位，以避免轮胎非正常过度磨损。不允许在同一轴上安装不同型号或者新旧差异较大的轮胎。

3.7.3 制动盘和制动片

1. 制动盘

制动盘是一个金属圆盘，用合金钢制造并固定在车轮上，随车轮转动。制动盘是盘式制动器摩擦副中的旋转元件，是以两端面工作的金属圆盘，如图 3-94 所示。车辆行驶过程中踩制动踏板时，制动钳夹住制动盘起到减速或者停车的作用。一般制动盘上有圆孔，其作用是减轻质量和增加摩擦力。制

图 3-94　汽车制动盘

动盘种类繁多，不同种类的制动盘在盘径、盘片厚度及两片间隙尺寸上存在差异，盘毂的厚度和高度也各不相同。

（1）制动盘特点

1）优点。一般无摩擦助势作用，因而制动器效能受摩擦因数的影响较小，即效能较稳定；进水后效能降低较少，而且只需经一两次制动即可恢复正常；在输出制动力矩相同的情况下，尺寸和质量比鼓式制动器小；制动盘沿厚度方向的热膨胀量极小，不会像制动鼓那样使制动器间隙明显增加而导致制动踏板行程过大；较容易实现间隙自动调整，其他保养修理作业也比较简单。

2）缺点。制动效能较低，故用于液压制动系统使所需制动促动管路压力较高，一般要求伺服助力装置；兼用于驻车制动时，需要加装的驻车制动传动装置较鼓式制动器复杂，因而在后轮上的应用受到限制。

（2）制动盘的更换　从理论上来讲，制动盘的最大磨损极限为 2mm，使用到极限后必须更换新制动盘。更换频率也要根据驾驶习惯来衡量，大致标准如下：

1）看制动片的更换频率。如果制动片的更换频率很高，那就建议多检查检查制动盘的厚度。

2）根据磨损状况来决定。因为制动盘除了正常磨损以外，还有因为制动片或制动盘的质量及正常使用过程中异物造成的磨损，如果制动盘被异物磨损出一些比较深的沟，或盘面磨损得有偏差（有的地方薄，有的地方厚）的话，就建议更换，因为这种磨损产生偏差后会直接影响驾驶安全。

2. 制动片

在汽车的制动系统中，制动片是最关键的安全零件，制动片对制动效果的好坏起决定性作用。如图 3-95 所示，制动片一般由钢板、粘胶层、隔热层和摩擦块构成，其中隔热层是由不传热的材料组成，目的是隔热。摩擦块由摩擦材料、粘合剂组成，制动时被挤压在制动盘或制动鼓上产生摩擦，从而达到车辆减速制动的目的。由于摩擦作用，摩擦块会逐渐被磨损，一般来讲成本越低的制动片磨损得越快。摩擦材料使用完后要及时更换制动片，否则钢板与制动盘就会直接接触，最终会丧失制动效果并损坏制动盘。

小型客车上的制动片一般分为用于盘式制动器的制动片和用于鼓式制动器的制动蹄。

（1）更换周期　制动片和制动盘的更换时间周期不是固定的，应取决于车辆行驶路况、

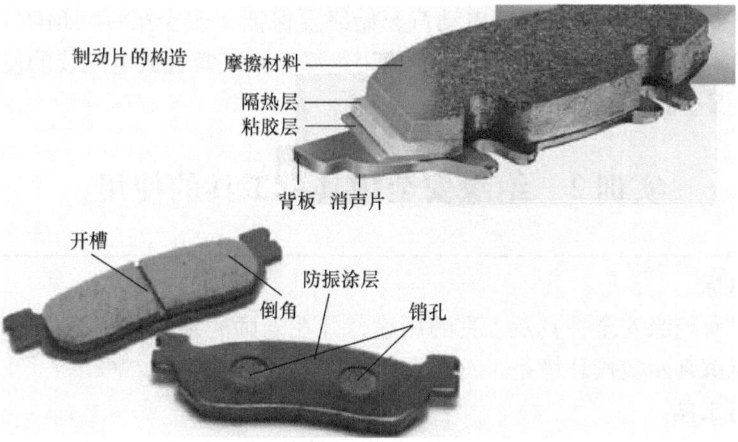

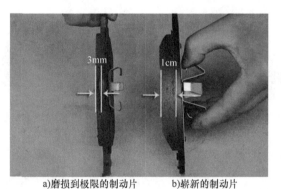

制动片的构造　摩擦材料
隔热层
粘胶层
背板　消声片
开槽
防振涂层
倒角　销孔

图 3-95　制动片

驾驶人踩制动踏板的频率及力度。一般常规制动片的更换里程是 2.5 万～3 万 km。

（2）注意事项

1）一般报警会出现一个红色的字"请检查制动片"。然后有个图标，是一个圆圈，外面是几个虚线括号包围着的，一般显示出来就表示接近极限了，需要立刻更换。自动档汽车比手动档汽车费制动片，因为自动档汽车的换档就是靠加速踏板和制动踏板。

2）常开市区的车，制动片的耗损会比常开公路的车快。因为常开市区的车，经常要走走停停，用制动会多。

新旧制动片的对比如图 3-96 所示。

3mm　1cm

a)磨损到极限的制动片　　　b)崭新的制动片

图 3-96　新旧制动片对比

实 训 项 目

在《新能源汽车使用与维护》的理论指导下，按照安全作业规范和流程进行实车的上电、下电操作实习，通过实践与理论的结合增强学生的用电安全意识和操作技能的提高，为后续的车辆整车拆装和维修工作打下基础。

在实操过程中，让学员养成维修电动汽车始终要保证"安全第一，预防为主"的意识，在工作时必须穿戴好必要的安全护具，正确使用绝缘工具，掌握放电工装的使用方法及对工作场地应采取的安全措施和设置技能。

实训 2　绝缘安全护具及工具的使用

一、实训目标

学员能够了解绝缘安全护具及工具的用途，并在老师的指导下正确使用，避免出现安全事故；学员能够判断实操环境是否符合安全操作规范及要求。

二、材料与工具

警示标志，警示隔离带，遮栏；绝缘手套（等级 1000V/300A 以上），皮手套，绝缘帽，绝缘鞋，防护镜；绝缘工具；汽车万用表；绝缘测试仪（表）；培训用车。

三、注意事项

请务必按照老师的指导，合理使用绝缘安全护具，并严格按示范动作操作，做到安全、正确，并防止在实操过程中造成总成或车辆的损坏。

四、实操步骤

1）学习绝缘手套/皮手套（图 3-97）用前检查与操作中使用注意事项。

2）学习安全帽/绝缘鞋（图 3-98）用前检查与操作中使用注意事项。

　　图 3-97　绝缘手套/皮手套　　　　　　　　图 3-98　安全帽/绝缘鞋

3）了解标识牌/遮栏（图 3-99）的安放位置。

图 3-99　标识牌/遮栏

4）学习护目镜（图 3-100）的用前检查及操作中使用注意事项。

5）学习绝缘垫（图 3-101）的用前检查及操作中使用注意事项。

图 3-100　护目镜

图 3-101　绝缘垫

6）学习绝缘工具（图 3-102）的用前检查及操作中的使用注意事项。

7）学习放电工装（图 3-103）的用前检查及操作中的使用注意事项。

图 3-102　绝缘工具

图 3-103　放电工装

105

实训 3　典型维护开关的拆卸与安装

一、实训目标

学员能够找到典型维护开关的安装位置，了解其结构并能正确地拆卸与安装。通过对维护开关的拆卸安装操作，为后续高压部分及系统的维修打下基础。

二、材料与工具

典型维护开关；安全绝缘用具；警示标志，警示隔离带；培训用车。

三、注意事项

务必按照老师的指导，合理使用防护用品及专业工具，并严格按示范动作操作，做到安全、正确，并防止在实操过程中造成总成或车辆的损坏。

四、典型维护开关的基本结构认知

1. 认识维护开关的结构

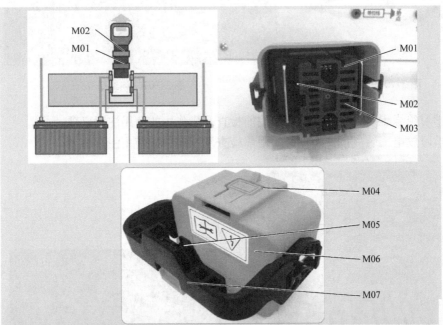

序号	编号	编号注释	备注
1	M01	高压互锁回路短接插头	
2	M02	大电流接线触头	
3	M03	内部安装高压大电流熔断器	
4	M04	拆卸与安装锁止开关	
5	M05	安装与拆卸拉手	
6	M06	安全提示标识	
7	M07	拆卸与安装锁止开关	

2. 维护开关（维护插头）的拆装步骤

拆卸步骤

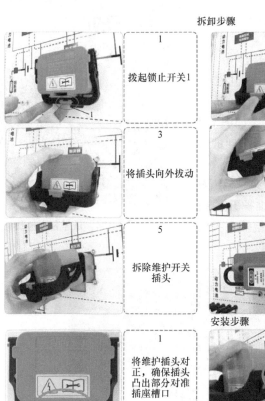

1	拨起锁止开关1
2	拉动拉手
3	将插头向外拔动
4	按住锁止开关2继续向外拔动插头
5	拆除维护开关插头
6	使用专用锁具将卸除插头的维护开关插座锁闭，并由负责人保管好钥匙

安装步骤

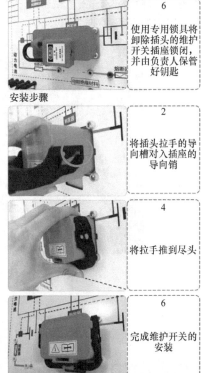

1	将维护插头对正，确保插头凸出部分对准插座槽口
2	将插头拉手的导向槽对入插座的导向销
3	四指扶住插座上沿，用大拇指推动拉手
4	将拉手推到尽头
5	按下锁止开关
6	完成维护开关的安装

107

五、实操步骤

1）实操前需安置两侧遮栏并增添 1～2 名培训学员作为安全监护人。

2）填写上电、断电操作单（注：实操人员原则上持有电工证。

3）将所有充电口用黄色胶带封住。

4）关闭点火开关，拆掉 12V 蓄电池负极（图 3-104），等待 5min 以上。

5）找维护开关在车辆上的位置，如图 3-105所示，车型不同维护开关的位置是不一样的，并拆除后排座椅和地板胶。

6）实操学员佩戴好绝缘手套并穿好绝缘鞋。

7）拆除维护开关遮板，解除维护开关锁扣（图 3-106）并拔下检修开关，注意维护开关锁分两级，在拆装过程中避免开关损坏。

图 3-104　低压蓄电池负极位置

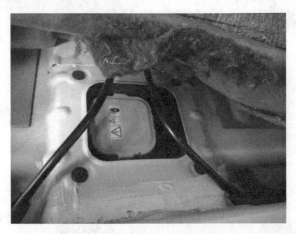

图 3-105　维护开关的位置

图 3-106　注意维护开关的正确拆装方法

108

8）收好车辆钥匙和检修开关，锁入主修人工具箱。

9）将车辆用警示带进行遮栏。

10）在车辆顶部和检修开关处安置警告标识牌。

实训 4　高压部分的断电与上电

一、实训目标

学员可正确完成高压系统的断电与上电的操作，避免电击事故的发生；学员能够通过检测高压端口的电压，判断是否还有剩余电荷；通过此操作，可为学员后续进一步的实操及维修打下基础。

二、材料与工具

警示标志；警示隔离带；安全绝缘用具；汽车专用万用表；放电工装；培训用车。

三、注意事项

请务必按照老师的指导，合理使用安全绝缘用具，并严格按示范动作操作，做到安全、正确，并防止在实操过程中造成总成或车辆的损坏。

四、实操步骤

1）检查实训场地，确认符合操作环境，举升车辆，在地面铺好绝缘垫，车辆举升后注意举升器落锁，且需要在车辆下放置安全支撑。断开低压蓄电池负极。

2）拆除高压电池连接器遮板。

3）找出高压线束和控制线束，特别需要说明的是应先断开控制线束再断开高压线束（黑色线束为负极线，橙色线束为正极线）。解锁步骤如图 3-107 所示：拉出蓝色卡扣 1 到最大位置；按压卡扣 2 同时向外拔出插接器护套贴近蓝色卡扣；按压卡扣 3 同时向外拔出插接器护套，即可脱离动力电池。插入时把插头对准插座，插好后把插接器护套推到插座根部；把蓝色锁扣推回锁止位置。

图 3-107　动力电池正、负极的拆装方法

4）用万用表对动力电池正、负极测量输出电压，正常值应为 0V。

5）对电池箱电池端的高压正、负极连接器（图 3-108）进行放电。

6）对高压线束端的正、负极连接器同样进行放电操作。

7）用万用表测两端的电压，确认电压为零。

图 3-108　动力电池的连接插头

　　以上为高压安全断电七步法，为后续所有高压安全操作和维修的基础，请务必掌握并能独立、正确地完成此项实际操作。

实训 5　识读车辆 VIN 码信息

一、实训目标

提高学生们对不同年款各种品牌车型的识别能力，学会识读车辆 VIN 码。

二、材料与工具

警示标志，警示隔离带，遮栏；绝缘手套（等级 1000V/300A 以上），绝缘帽，绝缘鞋，防护镜；绝缘工具；培训用车、翼子板布、举升机、转向盘套、座椅套、脚垫。

三、注意事项

请务必按照老师的指导，并严格按示范动作操作，做到安全、正确，并防止在实操过程中造成总成或车辆的损坏。

四、实操步骤

1. 操作前的准备

1）设置警示标志、警示隔离带、遮栏。

2）铺设转向盘套、座椅套、脚垫。

3）打开汽车前舱盖，铺设翼子板布。

2. VIN 码的常见位置

结合图 3-109，分小组寻找到实训用车的 VIN 码位置，并填入表 3-12 中。操作过程中要做好绝缘防护，穿戴绝缘手套、绝缘鞋、绝缘帽、防护目镜。

表 3-12　VIN 码常见位置表

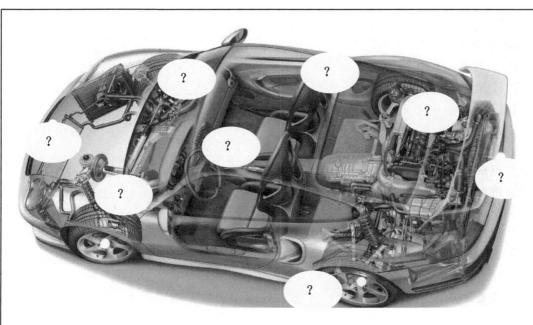

图 3-109　VIN 码位置图

3. VIN 码的组成

VIN 码主要由＿＿＿＿＿＿＿＿、＿＿＿＿＿＿＿＿、＿＿＿＿＿＿＿＿＿三个部分组成。

4. VIN 码识别

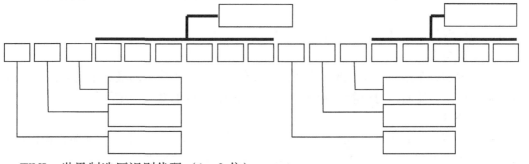

WMI—世界制造厂识别代码（1～3 位）

VDS—车辆说明部分（4～9 位）

VIS—车辆指示部分（10～17 位）

各位数含义：

第 1 位：

第 2 位：

第 3 位：

第 4 位：

第 5 位：

第 6 位：

第 7 位：

111

第 8 位：

第 9 位：

第 10 位：

第 11 位：

第 12 位：

第 13～17 位：

5. 根据 VIN 码读取车型相关信息

① 汽车产地：

② 汽车制造商（汽车品牌）：

③ 车辆种类：

④ 汽车车型：

⑤ 汽车外观（两厢/三厢等）：

⑥ 动力系统类型：

⑦ 变速器类型：

⑧ 车型年份：

⑨ 汽车生产序号：

实训 6 认识新能源汽车运行材料

一、实训目标

掌握新能源汽车润滑材料和轮胎的性能特点、规格及选用方法。

二、材料与工具

车辆齿轮油、车用润滑脂、液力传动油、汽车制动液、车用冷却液、车用空调制冷剂、风窗玻璃清洗液、轮胎、制动盘、制动片、螺旋测微仪、轮胎花纹深度尺等。

三、注意事项

请务必按照老师的指导，并严格按示范动作操作，做到安全、正确，并防止操作误伤及运行材料溅入眼睛，误入口鼻。注意：某些车用运行材料具有腐蚀性。

四、实操步骤

1. 知识回顾

所谓汽车运行材料是指在车辆运行过程中，使用周期较短，消耗费用较大，对车辆使用性能有较大影响的一些非金属材料。

汽车运行材料按对汽车运行的作用和消耗方式不同可以分为：

（1）车用润滑剂 车用润滑剂主要包括车辆齿轮油、车用润滑脂等。

（2）车用工作液 车用工作液主要包括液力传动油、汽车制动液、车用冷却液、车用空调制冷剂、汽车风窗玻璃清洗液等。

（3）汽车轮胎 轮胎是汽车行驶系统的主要组成部分之一。

（4）制动盘、制动片 制动盘、制动片属于车辆行驶过程中的易损部件。

2. 确定各种车用工作液加注位置

如图 3-110 所示，①为制动液储液罐，②为熔丝盒（位于盖板下面，无需加注），③为风窗玻璃清洗液储液罐，④为蓄电池，⑤为空调制冷剂加注口，⑥为冷却液膨胀罐。

图 3-110　车辆前机舱

3. 车用运行材料认知

（1）冷却液

①颜色＿＿＿＿＿＿＿＿＿＿　　②牌号＿＿＿＿＿＿＿＿＿＿＿＿

（2）制动液

①颜色＿＿＿＿＿＿＿＿＿＿　　②牌号＿＿＿＿＿＿＿＿＿＿＿＿

（3）齿轮油

①颜色＿＿＿＿＿＿＿＿＿＿　　②牌号＿＿＿＿＿＿＿＿＿＿＿＿

（4）制冷剂

①颜色＿＿＿＿＿＿＿＿＿＿　　②牌号＿＿＿＿＿＿＿＿＿＿＿＿

（5）冷冻油

①颜色＿＿＿＿＿＿＿＿＿＿　　②牌号＿＿＿＿＿＿＿＿＿＿＿＿

（6）玻璃清洗液

①颜色＿＿＿＿＿＿＿＿＿＿　　②牌号＿＿＿＿＿＿＿＿＿＿＿＿

（7）轮胎

①规格＿＿＿＿＿＿＿＿＿　　②型号＿＿＿＿＿＿＿＿＿　　③花纹深度＿＿＿＿＿＿

（8）制动盘、制动片

厚度（螺旋测微仪）＿＿＿＿＿＿＿＿＿＿＿

4. 数据处理

实验材料	牌号	含义	颜色	气味	更换周期

5. 实训讨论

1）提高轮胎使用寿命的途径主要有哪些？

2）纯电动车辆使用中应如何选用运行材料？

第 4 章

新能源汽车的维护保养规范

学 习 目 标

- 了解新车 PDI 检测的意义及检测流程和方法。
- 掌握新能源汽车首保及走合期的维护规定。
- 掌握新能源汽车主机厂规定的常保和强保规定。
- 掌握汽车维修管理部门规定的汽车维护规定。

新能源汽车的维护保养一般分为定期维护与非定期维护，定期维护又分为日常维护、一级维护和二级维护。日常维护一般由驾驶人自己承担；一级、二级维护应根据车辆使用说明书规定的行驶里程或者车辆使用时间，由专业的汽车维修人员实施。

新能源汽车保养规范包括新车交付 PDI 检测流程和方法、新能源汽车首保及走合期维护、新能源汽车定期维护（主机厂常保及强保规定）、汽车维修管理部门规定的维护规定等。

4.1 新车交付 PDI 检测

4.1.1 PDI 检测概述

新车交付检测，也称为车辆移交检查（Pre Delivery Inspection，简称 PDI）。PDI 检测是一项售前检测证明，是新车在交车前必须通过的检查。因为新车从生产厂到达经销商处经历了长途运输和长时间的停放，为了向顾客保证新车的安全性和原厂性能，PDI 检测必不可少。越是高档车辆，其电子自动化程度越高，PDI 检测的项目也就越多。例如，未做 PDI 的新车，会始终在运输模式运行。这种模式只能简单行驶，很多系统没有被激活。强行使用会导致功能不全，甚至会严重损害车辆，给车辆及驾驶人的安全造成极大的危害。PDI 检测项目范围很广，如电池是否充放电正常、钥匙记忆功能是否匹配、舒适系统是否激活、仪表灯光功能是否设置到原厂要求等。技术人员所做的一切，为的是向顾客确保车辆的安全性和驾驶的舒适性。

4.1.2 PDI 检测流程及方法

1. PDI 检测总则

1）对于所有交付客户之前的销售车辆，100% 进行 PDI 检测。

2）所有 PDI 检测人员必须经培训并取得资格证书方可上岗。

3）PDI 检测前，车辆必须按照规定的程序进行洗车。

4）为避免天气和阳光变化引起检测结果的变化，PDI 应在规定的场地进行，或在类似的亮度条件下进行。场地要求：检测场地应在室内或遮阳棚下，室内或遮阳棚内灯光强度在车辆腰线处大于 1100Lux。

5）PDI 检测分为动态检测和静态检测两部分。

PDI 检测推荐分车内、车外两名检验员；如果是一人则应保证覆盖所有检测内容，外观检测应离车 1m；必须用气压计检测轮胎气压，应符合规范要求；缺陷判断标准根据《售前车辆缺陷判断标准》判定；将检测结果填写在《售前检测单》上，并将相关信息上报。

6）检测前的注意事项　为了保证检测工作顺利完成，避免将汽车擦伤和弄脏，检测人员在进行检测时必须注意以下事项：

① 检测人员在进行车辆内饰检测时，需要头戴工作帽，以防头发脱落在车内。

② 检测人员的制服应整洁、合身，应穿无扣或有暗扣的工作服，鞋子不能沾有泥土。

③ 检测人员的衣服口袋不能放任何工具和硬物。

④ 检测人员不能佩戴钥匙链、手表、戒指、手链、项链等金属物品。

⑤ 检测人员应穿软底平跟鞋，不能穿拖鞋、硬底鞋、高跟鞋。

⑥ 检测人员的双手应保持干净，指甲不能太长。

⑦ 检测人员应准备棉纱手套及白色手套各一副，棉纱手套用来检查汽车前机舱、底盘等，白色薄手套用来检查车辆的内、外饰。

⑧ 检测人员的服装、手套、帽子、软底平跟鞋应定期清洗或者更换，以保持清洁。

2. PDI 检测基本操作流程

1）PDI 动态检测步骤如图 4-1 所示。

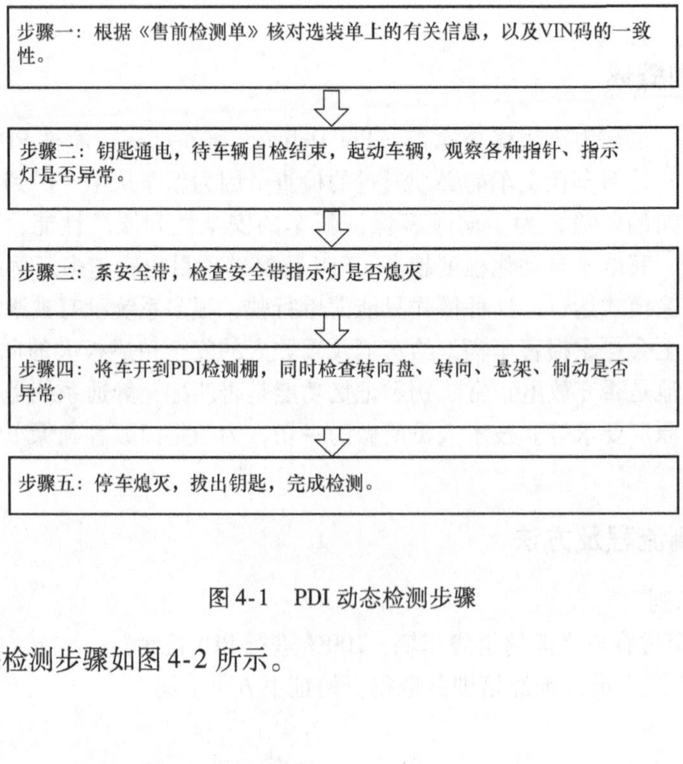

步骤一：根据《售前检测单》核对选装单上的有关信息，以及VIN码的一致性。

步骤二：钥匙通电，待车辆自检结束，起动车辆，观察各种指针、指示灯是否异常。

步骤三：系安全带，检查安全带指示灯是否熄灭

步骤四：将车开到PDI检测棚，同时检查转向盘、转向、悬架、制动是否异常。

步骤五：停车熄灭，拔出钥匙，完成检测。

图 4-1　PDI 动态检测步骤

2）PDI 静态检测步骤如图 4-2 所示。

步骤一：打开前盖，检查机舱：包括蓄电池、标签、液位、旋盖松紧等，关前盖。

步骤二：站在车前部，检查前盖表面，车前灯光等。

步骤三：检查车前舱情况：漏液、异响、电子风扇、高低压线束连接情况等。

步骤四：检查左前翼子板，左前门、防擦条、后视镜等表面与配合。

步骤五：进入驾驶室，检查天窗、刮水器、音响、空调、左前座椅等内饰功能。

步骤六：进入前排乘客座，检查座椅、遮阳板等内饰以及前风窗玻璃表面。

步骤七：检查车辆右侧表面质量与配合，包括右前后门、前后翼子板。

步骤八：检查后排座椅以及相关内饰功能与表面配合，检查后风窗玻璃。

步骤九：检查后档加热、行李箱，检查后盖、后保险杠、尾灯功能及表面质量等。

步骤十：检查左后门、左后翼子板表面与配合，后排座椅情况。

步骤十一：绕车检查轮胎的型号、胎压、鼓包，漏水，钥匙的防盗，遥控、门锁等。

117

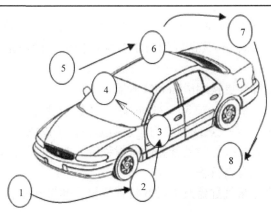

图 4-2　PDI 静态检测流程

4.2　新能源汽车走合期维护

4.2.1　走合期维护概述

　　新车、大修车以及装用大修发动机的汽车在初始一段里程内所进行的维护称为走合期维护。汽车经过初期使用阶段的磨合，使各运动部件摩擦表面之间进行相互研磨，提高配合精度，从而顺利过渡到正常使用状态。汽车的使用寿命、工作可行性和经济性在很大程度上取决于汽车使用初期的磨合，而且磨合的好坏将直接影响到汽车的使用寿命。因此，汽车磨合的目的就是使各运动部件快速适应各种工况，并大大延长汽车的使用寿命，降低维修成本。

汽车的走合期里程一般规定为 2500 ~ 3000km，或按汽车使用说明书规定的里程执行。汽车在走合期的各项维护作业，要按汽车使用说明书的规定执行，货车和客车一般分为走合前期、走合中期和走合后期三个阶段的维护。乘用车首次保养时间与内容按厂方规定执行。

4.2.2　走合期维护项目

1. 走合前期维护

走合前期维护是为了防止汽车出现事故和损坏，保证顺利地完成走合，其主要内容有：

1）清洗全车，检查各部件的连接及紧固情况。

2）检查散热器存水量，并检查冷却系统各部位有无漏水现象。

3）检查发动机、制动器、变速器及助力器装置用油的数量和质量，视需要添加或更换，并检查各部位有无漏油现象。

4）检查变速器各档是否正确接合。

5）检查转向机构各部位有无松旷或发卡现象。

6）检查电器设备、灯光和仪表是否正常，并检查蓄电池电解液密度与液面高度。

7）检查和调整轮胎气压，使之符合标准。

8）检查制动效能（制动距离、有无跑偏和发咬现象），如不符合要求应查明原因，及时排除故障。

2. 走合中期维护

走合中期的维护是在汽车行驶 500 km 左右时进行的，主要是对技术状况开始发生变化部位进行一次及时的维护，以恢复其良好的技术状况，保证下阶段走合顺利进行。主要内容有：

1）清洁发动机润滑系统，更换润滑油和滤清器。

2）润滑全车各润滑点，最初行驶 30 ~ 40km 时，应检查变速器、前后驱动、轮毂和传动轴等处是否发热或有异响。如发热或有异响应查明原因，予以调整或修理。

3）检查制动效能和各连接处、制动管路的密封程度，必要时加以调整和紧固。

4）检查调整离合器踏板自由行程。

5）按规定力矩和顺序拧紧气缸盖及进排气歧管螺栓、螺母和轮胎螺母。

3. 走合后期维护

走合结束时应对汽车进行一次二级维护。检查、紧固全车各连接部分，进行必要的调整和润滑，使汽车达到良好的技术状况后，投入正常运行。其作业内容主要有：

1）检查和调整制动器。

2）检查调整离合器踏板自由行程

3）检查、调整、紧固前桥转向机构。

4）按规定力矩检查紧固底盘各部连接螺栓、螺母。

5）检查并紧固车身各部件连接。

118

走合期后运行中，仍应中速行驶，不超载和拖带挂车行驶。

乘用车走合期的使用和维护根据制造厂要求，走合期里程一般为 2500～3000km。

4.3　主机厂规定的定期维护（常保）

汽车在行驶过程中，由于受各种因素的影响，各零部件必然会逐渐产生不同程度的自然松动、磨损和机械损坏，如不及时采取必要的技术措施，汽车的动力性、经济性会变差，汽车的可靠性也将随之降低，甚至发生意外损坏。汽车维护就是为了防止机件过早磨损，保证汽车具有良好工作性能，预防故障产生和延长车辆使用寿命而采取的维护性技术措施。我国交通部发布的《汽车运输业车辆技术管理规定》明确规定了车辆维护要遵循"预防为主，定期检测，强制维护"的原则，在车辆维护作业中，必须根据国家标准《汽车维护、检测、诊断技术规范》（GB/T 18344—2016）的要求强制执行。

4.3.1　汽车定期维护的意义

汽车由大量的零部件构成，随着车辆的使用时间变长，会受到磨损、老化或腐蚀而降低性能，从而需要定期维护，经调整或更换机件来保持其性能。通过实施定期维护，可达到以下效果：

1）避免发生由于机件损坏引起的故障。

2）使车辆保持在符合法律规定的状态中。

3）延长车辆使用寿命。

4.3.2　汽车维护分类

汽车使用过程中，由于汽车新旧程度及使用地区的条件不同，各个时期对汽车维护的作业项目也不同。根据国家标准《汽车维护、检测、诊断技术规范》（GB/T 18344—2016）有关规定，汽车维护分为日常维护、一级维护和二级维护三类。

日常维护是以清洁、补给和安全性能检视为中心内容的维护作业。

一级维护是除日常维护作业外，以润滑、紧固为作业中心内容，并检查有关制动、操纵等系统中的安全部件的维护作业。

二级维护是除一级维护作业外，以检查、调整制动系统、转向操纵系统、悬架等安全部件，并拆检轮胎，进行轮胎换位，检查调整发动机工作状况和汽车排放相关系统（传统车）等为主的维护作业。

4.3.3　汽车维护周期

汽车维护周期根据国家标准分为日常维护周期、一级维护周期和二级维护周期。

日常维护周期为出车前、行车中和收车后。

汽车一级维护、二级维护周期的确定应以行驶里程间隔为基本依据，行驶里程间隔执行车辆维修资料等有关技术文件的规定。

对于不便用行驶里程间隔统计、考核的汽车，可用行驶时间间隔确定一级维护、二级维护周期。

道路运输车辆一级维护、二级维护推荐周期参见表4-1。

表4-1 道路运输车辆一级维护、二级维护推荐周期

适用车型		维护周期	
		一级维护行驶里程间隔上限值或行驶时间间隔上限值	二级维护行驶里程间隔上限值或行驶时间间隔上限值
客车	小型客车（含乘用车）（车长≤6m）	10 000km 或 30 日	40 000km 或 120 日
	中型及以上客车（车长>6m）	15 000km 或 30 日	50 000km 或 120 日
货车	轻型货车（最大设计总质量≤3500kg）	10 000km 或 30 日	40 000km 或 120 日
	轻型以上货车（最大设计总质量>3500kg）	15 000km 或 30 日	50 000km 或 120 日
	挂车	15 000km 或 30 日	50 000km 或 120 日

注：对于以山区、沙漠、炎热、寒冷等特殊运行环境为主的道路运输车辆，可适当缩短维护周期。

4.3.4 汽车定期维护作业要求

1. 汽车日常维护

（1）总要求 日常维护是由驾驶人负责执行的日常性车辆维护作业，其作业中心内容是清洁、补给和安全检视，并坚持以下原则：

坚持"三检"：在出车前、行车中、收车后，对汽车制动、转向、传动、悬架、灯光、信号等部位和发动机进行检视、校紧，以确保行车安全。

保持"四清"：保持发动机外表面、空气滤清器、燃油滤清器和蓄电池的清洁。

防止"四漏"：对润滑油、燃油、冷却液、各种工质、轮胎气压进行检视并视情补给，防止出现漏水、漏油、漏气、漏电等情况。

日常维护作业项目及技术要求见表4-2。

表4-2 日常维护作业项目及技术要求

序号	作业项目	作业内容	技术要求	维护周期
1	车辆外观及附属设施	检查、清洁车身	车身外观及客车车厢内部整洁，车窗玻璃齐全、完好	出车前或收车后
		检查后视镜，调整后视镜角度	后视镜完好、无损毁，视野良好	出车前
		检查、清洁车身	车身外观及车厢内部整洁，车窗玻璃齐全、完好	出车前或收车后
		检查后视镜，调整后视镜角度	后视镜完好、无损毁，视野良好	出车前
		检查安全带	安全带固定可靠、功能有效	出车前或收车后
		检查风窗玻璃刮水器	刮水器各档位工作正常	出车前
2	冷却系统	检查冷却液液面高度，视情补给	油（液）面高度符合规定	出车前
3	制动系统	制动系统自检	自检正常，无制动警告灯闪亮	出车前
		检查制动液液面高度，视情补给	液面高度符合规定	出车前
		检查行车制动、驻车制动	行车制动、驻车制动功能正常	出车前

120

（续）

序号	作业项目	作业内容	技术要求	维护周期
4	车轮及轮胎	检查轮胎外观、气压	轮胎表面无破裂、凸起、异物刺入及异常磨损，轮胎气压符合规定	出车前、行车中
		检查车轮螺栓、螺母	齐全完好，无松动	
5	照明、信号、指示装置及仪表	检查前照灯	前照灯完好、有效，表面清洁，远近光变换正常	出车前
		检查信号指示装置及仪表	转向灯、制动灯、示廓灯、危险警告灯、雾灯、喇叭、标志灯及反射器等信号指示装置完好有效，表面清洁	
		检查仪表	工作正常	出车前、行车中

注："符合规定"指符合车辆维修资料等有关技术文件的规定，以下同。

（2）纯电动汽车日常维护

1）纯电动汽车蓄电池的维护与保养

① 经常用抹布蘸水把蓄电池外部擦洗一遍，将面板、柱头上（即正负两个极头）擦拭干净，这样，有助于提高蓄电池的使用寿命。

② 日常行车时，应经常检查蓄电池盖上的小孔是否畅通。

③ 定期检查蓄电池电缆的连接问题，查看电缆有无松动情况。

④ 蓄电池长期不用，会慢慢自行放电，直至报废。若长久不用时，每隔一个月对蓄电池进行一次充电维护。

⑤ 对蓄电池充电时，要将车放置在通风较好的位置，打开蓄电池盖（充电时务必关断电源）。

⑥ 充电时不能用带明火的物体接近正在充电的蓄电池口。

⑦ 电动车在使用时，要轻踏加速踏板，否则瞬间的大电流放电会损坏蓄电池。

⑧ 当仪表上的电量降低到红色预警线时，应当及时进行充电。

⑨ 将蓄电池拆下来时，应先拆负极再拆正极，安装时与此相反。

⑩ 电动汽车在短距离使用后，建议及时将蓄电池充满电，让蓄电池始终保持饱和状态，可保持蓄电池的使用寿命。

2）纯电动汽车的日常维护关键项目

① 电动汽车的清洗。按照正常洗车方法，在清洗过程中应注意避免水流入车体充电插座，避免车身线路短路。电动汽车的手工清洗，应在阴凉处，待车身温度降至40℃以下时再进行清洗。在沿海一带行驶时，在撒有防冻剂的路面上行驶时，在沾有油脂杂物时，在空气里含有大量灰尘、铁屑或化学物质的地区内行驶时，容易引起油漆层的剥落或导致车身和零部件腐蚀，须立刻清洗车辆。

② 经常检查轮胎气压。将轮胎气压保持在正确的胎压，必须每两星期或至少每月检查一次轮胎气压。不正确的轮胎气压会造成耗电、行驶里程缩短，降低驾驶的舒适性，降低轮胎寿命并降低行车安全。

③ 防止金属生锈。长期停驶的电动汽车，应保持金属表面清洁。停放车辆的车库内应经常保持通风，使空气湿度保持在70%以下，需及时清除汽车上的灰尘、脏物和水分。在

易锈蚀的部位和机件表面应涂以机油、润滑脂或者用油纸包扎起来。对于各总成机构上的孔隙，应加以密封，避免空气、水分和灰尘进入内部。

④ 防止橡胶制品老化变质。车上的橡胶制品，如轮胎、传动带以及防尘罩等，经常会发生老化、膨胀或变形现象，致使性能变坏，使用寿命变短。为防止橡胶制品老化，应避免阳光直射及与矿物油的接触。

3）其他需要注意项目

① 每天起动电动汽车前，先检查电量是否充足，制动性能是否良好，螺栓是否松动等，有故障时及时修理排除，检查完成确定没有故障时才能出车。

② 充电部分修理或更换充电熔断丝时，必须先拔下220V电源插头，不准带电操作。

③ 每次停车都必须关闭电源开关，拔出钥匙，将档位开关扳至空档位置。

④ 维护与更换蓄电池、电器时，须关闭电源总开关后操作。

⑤ 充电应在儿童无法接触的地方进行。

⑥ 因事故其他原因造成起火时，应立即关闭总电源开关。

2. 汽车一级维护

汽车一级维护中心作业内容为润滑和紧固。一级维护应由专业维修企业执行，这对确保维护质量具有十分重要的意义。

汽车一级维护作业项目及技术要求见表4-3。

表4-3　汽车一级维护作业项目及技术要求

序号		作业项目	作业内容	技术要求
1	动力系统	冷却液	检查液面高度，视情更换	按规定的里程或时间更换冷却液，液面高度符合规定
2	转向系统	部件连接	检查、校紧万向节、横直拉杆、球头销和转向节等部位的连接螺栓、螺母	各部件连接可靠
3		转向器润滑油及转向助力油	检查油面高度，视情更换	按规定的里程或时间更换转向器润滑油及转向助力油，油面高度符合规定
4	制动系统	制动管路、制动阀及接头	检查制动管路、制动阀及接头，校紧接头	制动管路、制动阀固定可靠，接头紧固，无漏气（油）现象
5		缓速器	检查、校紧缓速器的连接螺栓、螺母，检查定子与转子间隙，清洁缓速器	缓速器连接紧固，定子与转子间隙符合规定，缓速器外表、定子与转子清洁，各插接器与接头连接可靠
6		储气筒	检查储气筒	无积水及油污
7		制动液	检查液面高度，视情更换	按规定的里程或时间更换制动液，液面高度符合规定
8	传动系统	各连接部位	检查、校紧变速器、传动轴、驱动桥壳、传动轴支撑等部位的连接螺栓、螺母	各部位连接可靠，密封良好
9		变速器、主减速器和差速器	清洁通气孔	通气孔通畅

（续）

序号	作业项目		作业内容	技术要求
10	车轮	车轮及半轴的螺栓、螺母	校紧车轮及半轴的螺栓、螺母	紧固力矩符合规定
11		轮辋及压条挡圈	检查轮辋及压条挡圈	轮辋及压条挡圈无裂损及变形
12	其他	蓄电池	检查蓄电池	液面高度符合规定，通气孔畅通，电桩、夹头清洁、牢固，免维护蓄电池电量状况指示正常
13		防护装置	检查侧防护装置及后防护装置，校紧螺栓、螺母	完好有效，安装牢固
14		全车润滑	检查、润滑各润滑点	润滑嘴齐全有效，润滑良好。各润滑点防尘罩齐全完好。集中润滑装置工作正常，密封良好
15		整车密封	检查泄漏情况	全车不漏油、不漏液、不漏气

3. 汽车二级维护

当汽车行驶到一定里程后，零部件的磨损和变形会增加，为了延长汽车的使用寿命和保证行车安全，必须按期进行汽车二级维护，其主要作业内容是检查和调整。汽车二级维护应由专业维修企业执行。

（1）汽车二级维护作业项目及技术要求 汽车二级维护的作业项目、作业内容和技术要求如表4-4所示，车辆维修资料中与标准规定的二级维护基本作业项目不同的部分，依据车辆维修资料的有关条款执行。

表4-4 汽车二级维护作业项目及技术要求

序号	作业项目		作业内容	技术要求
1		制动踏板	检查、调整制动踏板自由行程	制动踏板自由行程符合规定
2		驻车制动	检查驻车制动性能，调整操纵机构	功能正常，操纵机构齐全完好、灵活有效
3		防抱死制动装置	检查连接线路，清洁轮速传感器	各连接线及插接器无松动，轮速传感器清洁
4	制动系统	鼓式制动器	检查制动间隙调整装置	功能正常
			拆卸制动鼓、轮毂、制动蹄，清洁轴承位、轴承、支承销和制动底板等零件	清洁，无油污，轮毂通气孔畅通
			检查制动底板、制动凸轮轴	制动底板安装牢固、无变形、无裂损。凸轮轴转动灵活，无卡滞和松旷现象
			检查轮毂内外轴承	滚柱保持架无断裂，滚柱无缺损、脆落，轴承内外圈无裂损和烧蚀
			检查制动摩擦片、制动蹄及支承销	摩擦片表面无油污、裂损，厚度符合规定。制动蹄无裂纹及明显变形，铆接可靠，铆钉沉入深度符合规定。支承销无过量磨损，与制动蹄轴承孔衬套配合无明显松旷

（续）

序号	作业项目		作业内容	技术要求
4	制动系统	鼓式制动器	检查制动蹄复位弹簧	复位弹簧不得有扭曲、钩环损坏、弹性损失和自由长度改变等现象
			检查轮毂、制动鼓	轮毂无裂损，制动鼓无裂痕、沟槽、油污及明显变形
			装复制动鼓、轮毂、制动蹄，调整轴承松紧度、调整转动间隙	润滑轴承，轴承位涂抹润滑脂后再装轴承。装复制动蹄时，轴承孔均应涂抹润滑脂，开口销或卡簧固定可靠。制动摩擦片与制动鼓摩擦面应清洁，无油污。制动摩擦片与制动鼓配合间隙符合规定。轮毂转动灵活且无轴向间隙。锁紧螺母、半轴螺母及车轮螺母齐全，紧固力矩符合规定
			检查制动摩擦片和制动盘磨损量	制动摩擦片和制动盘磨损量应在标记规定或制造商要求的范围内，其摩擦工作面不得有油污、裂纹、失圆和沟槽等损伤
5		盘式制动器	检查制动摩擦片与制动盘间的间隙	制动摩擦片与制动盘之间的转动间隙符合规定
			检查密封件	密封件无裂纹或损坏
			检查制动钳	制动钳安装牢固、无油液泄漏。制动钳导向销无裂纹或损坏
6	转向系统	转向器和转向传动机构	检查转向器和转向传动机构	转向轻便、灵活，转向无卡滞现象，锁止、限位功能正常
			检查部件技术状况	转向节臂、转向器摇臂及横直拉杆无变形、裂纹和拼焊现象，球销无裂纹、不松旷，转向器无裂损、无漏油现象
7		转向盘最大自由转动量	检查、调整转向盘最大自由转动量	最高设计车速不小于100km/h的车辆，其转向盘的最大自由转动量不大于15°，其他车辆不大于25°
8	行驶系统	车轮及轮胎	检查轮胎规格型号	轮胎规格型号符合规定，同轴轮胎的规格和花纹应相同，公路客车（客运班车）、旅游客车、校车和危险货物运输车的所有车轮及其他车辆的转向轮不得装用翻新的轮胎
			检查轮胎外观	轮胎的胎冠、胎壁不得有长度超过25mm或深度足以暴露出帘布层的破裂和割伤以及凸起、异物刺入等影响使用的缺陷。具有磨损标志的轮胎，胎冠的磨损不得触及磨损标志；无磨损标志或标志不清的轮胎，乘用车和挂车胎冠花纹深度应不小于1.6mm；其他车辆的转向轮的胎冠花纹深度应不小于3.2mm，其余轮胎胎冠花纹深度应不小于1.6mm
			轮胎换位	根据轮胎磨损情况或相关规定，视情进行轮胎换位
			检查、调整车轮前束	车轮前束值符合规定
9		悬架	检查悬架弹性元件，校紧连接螺栓、螺母	空气弹簧无泄漏、外观无损伤。钢板弹簧无断片、缺片、移位和变形，各部件连接可靠，U形螺栓、螺母紧固力矩符合规定
			减振器	减振器稳固有效，无漏油现象，橡胶垫无松动、变形及分层

（续）

序号	作业项目		作业内容	技术要求
10	灯光导线	前照灯	检查远光灯发光强度，检查、调整前照灯光束照射位置	符合 GB 7258—2017 规定
11		线束及导线	检查发动机舱及其他可视的线束及导线	插接器无松动、接触良好。导线布置整齐、固定牢靠，绝缘层无老化、破损，导线无外露。导线与蓄电池桩头连接牢固，并有绝缘套
12	车架车身及附件	车架和车身	检查车架和车身	车架和车身无变形、断裂及开焊现象，连接可靠，车身周正。发动机罩锁扣锁紧有效。车厢铰链完好，锁扣锁紧可靠，固定集装箱箱体、货物的锁止机构工作正常
			检查车门、车窗启闭和锁止	车门和车窗应启闭正常，锁止可靠。客车动力启闭车门的车内应急开关及安全顶窗机件齐全、完好有效
13		支撑装置	检查、润滑支撑装置，校紧连接螺栓、螺母	完好有效，润滑良好，安装牢固

　　（2）汽车二级维护作业流程　汽车二级维护前首先要进行进厂检验，汽车进厂后，根据汽车技术档案（包括车辆运行记录、维修记录资料、检测记录、总成修理记录等）和驾驶人反映的车辆使用技术状况（包括汽车动力性、异响、转向、制动及燃油、润滑材料消耗等）确定所需检测项目，依据检测结果及车辆实际技术状况进行故障诊断，从而确定附加作业项目。附加作业项目确定后与基本作业项目一并进行二级维护作业。二级维护作业过程中要进行过程检测，过程检验项目的技术要求应满足《汽车维护、检测、诊断技术规范》（GB/T18344—2016）要求。二级维护作业完成后，应进行竣工检验，经维护企业竣工检验合格的车辆，检测合格后，由维修企业填写《汽车维护竣工出厂合格证》方可出厂。

4.4　主机厂规定的定期维护（强保）

4.4.1　强保概述

　　强制保养即为走合期保养，是厂家为了保证汽车的正常运行而规定的一个保养。车辆在走合期内的行驶速度不要太快，因为新车在组装的时候可能存在铁屑或是杂物，部件之间没有油的润滑，过强、过快的摩擦对机器是个损伤，如果做了强保，整个机器通过油的保养润滑会起到减少摩擦的作用，同时也使得各个部件之间起到密封的作用，润滑油可以有效地阻止外界灰尘杂物进入机器内部影响机器正常运转。通过强制保养，车辆也正式地进入了"三包"阶段。这个时间和里程数要求得都不是十分严格，但是服务站有权利在规定里程数内和时间内不做强保以后拒给车主服务。车辆强保要求遵照主机厂车辆服务手册。

4.4.2　纯电动汽车主机厂定期保养规定

　　为了保证汽车的行驶安全性和舒适性，主机厂对汽车定期维护项目都进行了相应规定，某主机厂保养规定如表4-5所示。

表4-5 纯电动汽车A、B级保养项目

系统类别	检查内容	处理方法	A级保养项目	B级保养项目	合格	不合格
动力电池系统	安全防护	检查并视情处理	√	√		
	绝缘	检查并视情处理	√	√		
	插接器状态	检查并视情处理	√	√		
	标识	检查并视情处理	√			
	螺旋紧固力矩	检查并视情处理	√			
	电动电池加热功能检查	检查并视情处理	√			
	外部检查	清洁处理	√			
	数据采集	分析并视情处理	√	√		
电机系统	安全防护	检查并视情处理	√	√		
	绝缘检查	检查并视情处理	√	√		
	电机及控制器冷却检查	检查后视情处理并清洁	√	√		
	外部检查	清洁处理	√			
电器电控系统	机舱及各部位低压线束防护及固定	检查并视情处理	√	√		
	机舱及各部位插接器状态	检查并视情处理	√	√		
	机舱及底盘高压线束防护及固定	检查并视情处理	√	√		
	机舱及底盘各高低压电器固定及插接器连接状态	检查后视情处理并清洁	√	√		
	蓄电池	检查电量状态，并视情处理	√	√		
	灯光、信号	检查并视情处理	√	√		
	充电口及高压线	检查并视情处理	√	√		
	高压绝缘监测系统	检测并视情处理	√			
	故障诊断系统报警监测	检测、检查并视情处理	√			
制动系统	驻车制动器	检查效能并视情处理	√	√		
	制动装置	泄漏检查	√	√		
	制动液	液位检查	√	√		
	制动真空泵、控制器	检查（漏气），并视情处理	√	√		
	前、后制动摩擦衬	检查并视情更换	√	√		
转向系统	转向盘及转向管柱连接紧固状态	检查并视情处理	√	√		
	转向器本体连接紧固状态	检查并视情处理	√	√		
	检查转向横拉杆间隙及防尘套	检查并视情处理	√	√		
	检查转向助力功能	路试检查并视情处理	√			
车身系统	风窗及洗涤刮水器	检查并视情更换处理	√			
	顶窗	检查并视情处理	√			
	座椅及滑道	检查并视情处理	√	√		
	门锁及铰链	检查并视情处理	√	√		
	机舱铰链及锁扣	检查并视情处理	√			
	后背门（厢）铰链及锁	检查并视情处理	√	√		

（续）

系统类别	检查内容	处理方法	A级保养项目	B级保养项目	合格	不合格
传动及悬架系统	变速器（减速箱）	检查变速器连接、紧固及渗漏	√	√		
	传动轴	检查球笼间隙及护罩，并视情处理	√	√		
	轮辋	检查、紧固，视情处理	√			
	轮胎	检查胎压，并视情处理	√	√		
	副车架及各悬置连接状态	检查紧固	√			
	前后减振器	检查渗漏情况并紧固，并视情更换	√			
冷却系统	冷却液液位及冰点	液位及冰点测试，视情添加	√	√		
	冷却管路	检查渗漏情况并处理	√	√		
	水泵	检查渗漏情况并处理	√	√		
	散热器	检查并清洁	√	√		
空调系统	空调冷、暖风功能	检查并处理	√			
	压缩机及控制器	检查压缩机及控制器安装及线束插接器状态	√			
	空调管路及连接固定	管路防护检查并视情检漏处理	√	√		
	空调系统冷凝水排水系统	检查、处理	√			
	空调滤芯	检查处理并清洁	√	√		

维护案例

- 了解纯电动汽车外部检查及清洁的内容和方法。
- 学会数字绝缘表、绝缘工具的使用方法。
- 掌握机舱内——纯电动汽车驱动电机系统、高压辅助器件的检查与维护方法。
- 掌握底盘——动力电池系统、空调系统、辅助系统的检查与维护方法。
- 掌握纯电动汽车制动液的更换方法。

近年来，随着世界能源危机的加剧以及各国政府对环境问题的重视，世界各个国家将目光开始转向新能源汽车。我国新能源汽车发展也十分迅速，目前国内新能源汽车已呈现出百花齐放的格局。虽然新能源汽车结构不尽相同，但其主要原理大体相似，本章以北汽新能源 EV160 纯电动汽车为例，对新能源纯电动汽车的维护作业进行阐述。北汽新能源 EV160 纯电动汽车如图 5-1 所示。

图 5-1　北汽新能源 EV160 纯电动汽车

5.1　北汽新能源纯电动汽车定期维护项目

5.1.1　车辆定期维护的作用

汽车由成千上万个零件组成，随着行驶里程的增加，各零部件会产生不同程度的松动、磨损、变形和损坏等，使汽车技术状况变差，使用性能降低。在日常使用过程中，除了正确使用汽车外，还必须定期对汽车进行维护保养作业，使汽车经常保持良好的技术状况，以确保行车安全。

汽车维护是指当汽车行驶到规定时间或里程后，根据汽车维护技术标准，按规定的工艺流程、作业范围、作业项目和技术要求对汽车进行的预防性作业，如清洁、检查、紧固、润滑、调整和补给等。

5.1.2　北汽新能源纯电动汽车定期维护项目介绍

为确保车辆使用性能达到最佳状态，汽车生产企业会根据车辆运行材料、装配工艺和预计使用周期进行维护项目的划分。相对于传统内燃机汽车而言，电动汽车在实际运行过程中消耗磨损较小，基本上1万km或1年维护一次。从类型上可分为更换项目、检查项目。车辆定期维护项目见表5-1。

表5-1　车辆定期维护项目

分类	定期维护项目	1年/1万 km	1年/2万 km	2年/4万 km	冬季	夏季
动力电池系统	数据采集分析	●	●	●		
	充电测试	●	●	●		
	故障报警界面检查	●	●	●		
	管理系统绝缘监控故障检查	●	●	●		
	动力电池标识牌检查	●	●	●		
	动力电池外箱检查、除尘	●	●	●		
	检查插接器及紧固件情况	●	●	●		
	固定螺栓力矩检测	T	T	T		
	检查动力电池加热功能				●	
车身部分	检查仪表显示及车内外照明	●	●	●		
	检查用电设备功能	●	●	●		
	维护周期提示器复位	●	●	●		
	VCU 检测：专用诊断设备读取各系统控制器内的故障信息	●	●	●		
	检查刮水器及清洗装置	●	●	●		
	检查电动天窗功能，清洁轨道	●	●	●		
	检查蓄电池固定情况，测量电压	●	●	●		
	安全带、安全气囊功能检测	●	●	●		
充电系统	AC/DC 功能	●	●	●		
	充电总成（有无裂纹、破损）	●	●	●		
	充电口盖开关状态	●	●	●		
	DC/DC 功能	●	●	●		
空调系统	空调冷风功能					●
	暖风功能				●	
	检查空调冷凝水排水口		●	●		
	更换空调滤芯	●	●	●		
冷却系统	检查冷却液液面	●	●	●		
	更换冷却液			★		
	检查冷却系统是否泄漏	●	●	●		
	检查水泵功能		●	●		●
	散热器的清洁		●	●	●	
	检查冷却液冰点	●	●	●		

（续）

分类	定期维护项目	1年/1万km	1年/2万km	2年/4万km	冬季	夏季
制动系统	检查驻车制动器	●	●	●		
	检查制动液是否泄漏，制动装置是否损坏	●	●	●		
	检查真空泵、制动器功能及管路接头有无漏气	●	●	●		
	检查前后制动摩擦衬块厚度及制动盘	●	●	●		
	更换制动液			★		
转向系统	检查转向横拉杆间隙及防尘套	●	●	●		
	检查转向助力功能	●	●	●		
底盘部分	目测等速万向节防护套有无泄漏损坏	●	●	●		
	目测车身底部防护层、驱动电机是否有磕碰、损坏	●	●	●		
	检查底盘高压线缆保护套有无进水、老化、破损	●	●	●		
	底盘螺钉：按规定力矩拧紧	T	T	T		
	前后悬架：检查四轮减振器及减振弹簧外观和紧固螺栓	T	T	T		
	轮胎/轮毂：检查磨损情况，校正轮胎气压，必要时更换	●	●	●		
	按规定力矩紧固车轮固定螺栓	T	T	T		
	更换减速器/变速器润滑油		★	★		
其他	驱动电机、电机控制器外观清洁	●	●	●		
	绝缘电阻监测系统测试	●	●	●		
	检查前机舱线束插接器情况，线束根部无过热、变形、松脱及零部件泄漏、损坏	●	●	●		
	检测低压放电电流	●	●	●		
	检查车门铰链及车门限位器、门锁、行李箱盖铰链和锁扣	●	●	●		
	检查风窗清洗液冰点	●	●	●		
	检查风窗清洗液液面高度，必要时添加	●	●	●		
	试车：检查制动踏板、驻车制动、减速器/变速器、转向等功能及动力性能、平顺性能、噪声等	●	●	●		

注：1. ●：检查、必要时调整或清理

    2. ★：更换

    3. T：拧紧至规定力矩。

130

5.1.3 纯电动汽车长期停放注意事项

1. 低压蓄电池维护注意事项

1）当车辆需停放一周以上时，需要断开低压蓄电池负极。

2）停放超过一周的车辆，需每周进行一次车辆上高压，通过车上动力电池给蓄电池充电。

2. 动力电池维护注意事项

1）当车辆需停放一周以上时，应保证车辆剩余电量大于50%。

2）车辆停放超过三个月应该进行一次充放循环：将车辆行驶放电至剩余电量30%以下，使用慢充将动力电池充电至100%后，再将车辆行驶放电至50%~80%后继续停放。

3）当车辆停放时，动力电池也将发生一定的放电，当电量低于30%时，需要及时充电，防止动力电池过度放电，对动力电池性能产生影响。

3. 其他方面

1）露天停放时超过一个月应将车辆调换方向，避免因阳光暴晒而产生褪色。

2）检测轮胎气压，必要时补充，防止轮胎变形损坏。

5.2 北汽新能源纯电动汽车外观检查

5.2.1 新能源汽车外观检查

1. 车身漆面检查

车身漆面能防止金属部件生锈、防止阳光直射、加强车身强度，美化车辆外观，车漆主要由底漆、中间涂层、面漆层组成。不同的漆面有不同作用：底漆防生锈，中间涂层使底漆光滑，面漆层美化车身外观。

对车身漆面主要检查有无油污、损坏、划痕、皱纹及鼓泡等状况。检查方法是以45°角仔细观察整车外观漆面，若部分区域漏出金属，需要及时补漆作业，如图5-2所示。

图5-2 车身漆面检查

2. 车灯检查

车灯外观主要检查前照灯总成及尾灯总成表面是否有污垢、划痕，安装状况是否良好，如图5-3所示。

3. 前机舱盖检查

1）通过驾驶室前机舱盖开启开关打开机舱盖，如图5-4所示。

2）打开机舱盖时，在高举位置左右晃动，确认铰链完好，如图5-5所示。

3）将机舱盖轻轻放下，确认锁扣能正确扣合。

4）将舱盖锁好，再次打开，确认能正确锁紧和开启。

4. 行李箱盖及快充口、慢充口盖检查

打开行李箱盖、快充口以及慢充口盖，检查表面是否有损坏，安装是否牢固，如图5-6~图5-8所示。

a) 前车灯

b) 后车灯

图 5-3　车灯检查

图 5-4　打开前机舱盖

图 5-5　检查前机舱盖铰链

图 5-6　检查行李箱盖

图 5-7　检查快充口盖

5. 车门检查

打开车门，检查所有车门安装状况是否良好，车门螺栓是否存在松动，如图 5-9 所示。

6. 轮胎检查

轮胎作为汽车上最为重要的零部件之一，它承载着这部车的重力，它的工作状态时刻关系着车内人员的行车安全。轮胎作为消耗品，一定里程后要进行更换，一般来说，轮胎橡胶质保期限在 3 ~ 5 年之间，轮胎行驶里程一般在 5 万 ~ 8 万 km 左右。

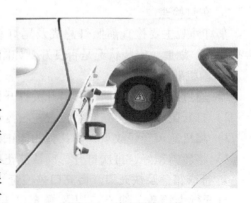
图 5-8　检查慢充口盖

a)车门

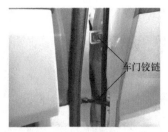

b)车门铰链

图 5-9 检车车门状况

轮胎的日常维护项目如下：

（1）目测轮胎表面 检查轮胎胎面有无金属颗粒或其他异物嵌入，如果有异物，应将其剔除；检查轮胎表面有无异常磨损、裂纹、划痕、鼓包；检查轮辋固定螺栓有无损伤、轮辋边缘有无变形，如图 5-10 所示。

（2）检查轮胎胎压 用手旋下轮胎气门嘴的防尘帽，使用轮胎气压表，检查轮胎气压是否符合推荐值要求。如果气压过低应进行充气；气压过高则应适当放气，直到达到规定要求，如图 5-11 所示。

（3）检查气门嘴的漏气情况 用手旋下轮胎气门嘴的防尘帽，将轮胎气压加到规定要求，然后在气门嘴上涂抹肥皂水。目视检查气门嘴是否存在漏气现象，如图 5-12 所示。

图 5-10 检查轮胎表面

133

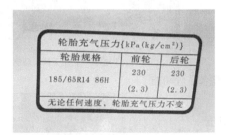

a)EV160胎压标准值

b)测量胎压

图 5-11 检查轮胎胎压

（4）检查轮胎胎面花纹沟槽深度 首先擦净轮胎花纹顶面及纹槽；然后将深度尺垂直插入纹槽中，保持深度尺的测量平面与两侧花纹顶面可靠接触，如图 5-13 所示；同时在整个轮胎上进行多点测量，最后观察并读取深度尺外壳顶端与标尺对齐的刻度线指示的数值，该数值即为轮胎花纹深度值；车轮轮胎花纹深度应不低于极限值。胎面深度（极限值）：1.6mm。

图 5-12　检查气门嘴的漏气情况

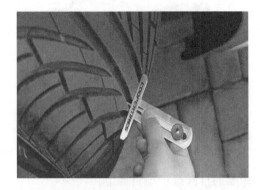

图 5-13　检查轮胎胎面花纹沟槽深度

5.2.2　新能源汽车部件功能检查

1. 汽车座椅检查

座椅具有支撑乘员身体及缓和路面冲击的作用，主要由头枕、靠背、腰部支撑、软垫组成。为了确保舒适和降低长时间驾驶带来的疲劳感，要求座椅具有一定的调节功能。检查座椅各调节装置功能是否正常，如图 5-14 所示。

a)检查座椅前后调节功能

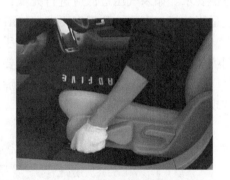

b)检查座椅上下调节功能

图 5-14　检查座椅各调节装置功能

2. 安全带检查

安全带是车辆重要的被动安全装置之一，与安全气囊配合使用可以最大限度地降低车辆事故对驾乘人员的伤害。检查安全带功能是否完好时，对安全带施加较大的加速度，安全带应锁住；轻轻拉出安全带卡槽，应连接牢固，如图 5-15 所示。

3. 电动车窗检查

电动车窗可以方便实现车窗玻璃的升降及锁止，是现代汽车提高舒适性的配置之一，在驾驶人侧有车门及车窗的中央控制按钮。一般有开关按钮和锁

图 5-15　检查安全带

止按钮，如图 5-16 所示。检查车门及车窗各控制按钮功能是否正常，如图 5-17 所示。

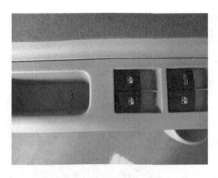

a)开关按钮

b)锁止按钮

图 5-16　电动车窗按钮

图 5-17　检查电动车窗

5.3　北汽新能源纯电动汽车机舱内检查

与传统内燃机汽车相比，纯电动汽车机舱内的结构部件有很大差别，并且电动汽车的车型不同，内部安装零部件也有所差别。北汽新能源纯电动汽车 EV160 前机舱内主要由低压蓄电池、电机控制器、驱动电机、动力分配单元 PDU、高压线束、低压线束以及行车控制单元 VCU 等组成。图 5-18 所示为 EV160 机舱内部主要结构图。

5.3.1　电机控制器检查与维护

驱动电机控制器根据整体控制器 VCU 发出的各种指令，快速响应反馈，实时调整驱动电机的输出，将动力电池输送的高压直流电逆变成三相交流电给汽车驱动电机提供电源，进而实现整车怠速、前进、倒车、加速、减速以及能量回收等。当整车控制器 VCU 接收到加速踏板或制动信号时，控制器控制变频器频率的升降，实现汽车的加速或减速。

北汽新能源 EV160 纯电动汽车驱动电机控制器是一种自动弱磁调速逆变控制器。电机控制器箱内主要由以 IGBT 功率模块为核心的功率电路和以单片机为核心的微电子控制电路

135

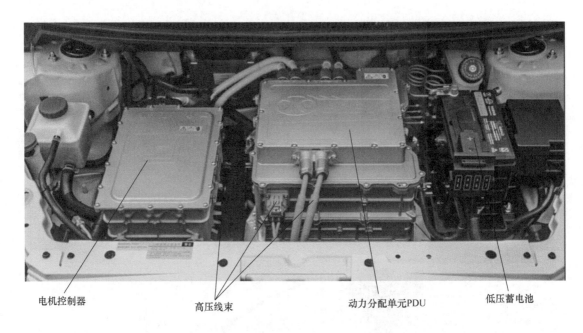

| 电机控制器 | 高压线束 | 动力分配单元PDU | 低压蓄电池 |

图 5-18　EV160 机舱内部主要结构图

两部分组成。可以将输入的直流电压变为可调的交流电压和电流给驱动电机等负载使用，机组采用水冷方式保持最佳工作温度。

电机控制器利用传感器来提供电机的工作信息。所用的传感器包括：

（1）电流传感器　用以检测电机工作的实际电流（包括母线电流、三相交流电）。

（2）电压传感器　用以检测供给电机控制器工作的实际电压（包括高压电池电压、蓄电池电压）。

（3）温度传感器　用以检测电机控制系统的工作温度（包括模块温度、电机控制器温度）。

在驱动电机及其控制系统中，电机的输出动作主要靠控制单元给定的命令执行，即电机控制器输出命令。电机控制器主要是将输入的直流电逆变成电压、频率可调的三相交流电，供给配套的三相交流永磁同步电机使用。驱动电机控制器局部电路如图 5-19 所示。

电机和电机控制器定期维护规则：

1）每天开车前检查膨胀水箱是否有足够冷却液，如冷却液过少（或没有），必须补充。冷却液需采用乙二醇型防冻冷却液，要求其冰点低于当地最低温度 5℃。

2）每半年检查清理一次电机控制器及电机表面灰尘。清理方法：断开动力电源，用高压气枪清理电机及控制器表面灰尘。

电机系统上电要求：

1）在给电机控制器上高压电源之前，必须先将低压控制电源接通。断电时，先断开高压电源，再断开低压控制电源。

2）电机控制器不能应用在与标称电压不符的电源上，这时控制器或者不能正常工作，或者会被烧毁。

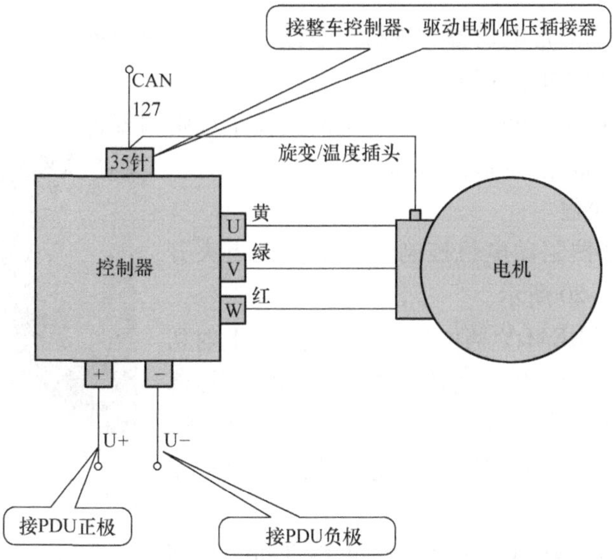

图 5-19　驱动电机控制器局部电路

3）电机控制器只能与车用动力电池组配套使用，不要尝试使用整流电源。

4）故障出现在电机及控制器的任何地方都有可能导致重大的设备损坏，甚至是严重的人身伤害（即存在潜在的危险故障），因此，必须采取附加的外部预防措施（如主接触器）用于确保安全运行，即使在故障出现时也应能保证安全。

5）车辆停止使用或长期驻车时，需将高、低压电源断开。

6）装电动车辆的电机及其控制器出现故障，被拖车拖走维修时必须保证该电动车辆档位处于物理空档位置，实现电机轴与变速器输入的物理连接脱离，避免电机高压发电造成系统损坏以及安全事故。

注意事项：

① 发生故障报警后，驾驶人可按报警提示进行初步排查，若无明显的绝缘破损和线路故障时，可重新上电测试一次，当故障不再报警时可继续运行，此时需要驾驶人做好故障记录，以备将来检修时使用；若故障继续报警，则需要通知维修人员进行检修。驾驶人不能自行打开机壳或箱体，以免发生不必要的损失。

② 即使电源已经切断，控制器直流回路的电容器上仍然带有危险电压。必须断电一段时间后（或采用专用放电工具放电），确保直流输入端子间的直流电压低于 36V 后才允许进行相关作业。

③ 电机和控制器装车后，不要触摸电机和控制器的高压连接端。

④ 电机及其控制器采取水冷方式，在工作过程中必须保证冷却回路中不能出现气泡、缺水、结冰等现象。

⑤ 系统使用前要熟悉手册中所有的安全说明和有关安装、操作和维护的规定，正确进行搬运装卸、就位安装和操作维护是实现系统安全及合理使用的可靠保证。

⑥ 电机和控制器的金属壳体及其散热器在使用后将有可能维持较高温度，请勿停机后

直接用手接触，否则会有烫伤危险。

⑦ 在处于运行状态的带电设备上进行测量或测试时，必须遵守安全法规的规定，实际操作时，应该使用合适的电子仪器。

⑧ 在系统安装和调试之前，请务必仔细阅读安全规则和警告，以及系统上粘贴的所有警示标志，及时更换已脱落或损坏的标志。

1. 高压断电操作流程

1）准备检查与维护驱动电机控制器前应关闭点火开关，拔下钥匙，如图5-20所示。

注意：当仪表显示 READY 档位时，高压通电，此时切勿拆卸高压部件，否则会有生命危险。所以在拆卸高压部件之前，确保拔下钥匙，自行收好，并在车上放置工作牌。

2）拆下低压蓄电池负极，使用绝缘胶带包好，断开整车低压控制电源，如图5-21所示。

3）当车辆举升到需要的高度时，锁止举升机，如图5-22所示。

图 5-20　拔下钥匙

图 5-21　断开低压蓄电池负极

图 5-22　车辆举升至需要高度

4）拆下动力电池高压线束、低压线束插头，如图5-23所示。

2. 检查电机控制器端子电压及插接器

1）检查驱动电机表面是否有油液污渍，如图5-24所示。

2）检查驱动电机控制器冷却液管、接头处有无裂纹、有无渗漏，如图5-25所示。

3）目测驱动电机控制器外观有无磕碰、变形或损坏，并使用压缩空气或干布对驱动电机控制器的外观进行清洁，如图5-26所示。

4）检查驱动电机控制器高压插接器是否连接到位，是否有退针现象，是否存在烧蚀情况，如图5-27所示。

5）检查驱动电机控制器低压插接器是否连接到位，是否有退针现象，是否存在烧蚀情况，如图5-28所示。

图 5-23 拆下动力电池高压插接器

图 5-24 检查驱动电机控制器表面是否清洁

上下冷却液管

图 5-25 检查驱动电机控制器冷却液管

图 5-26 驱动电机控制器表面清洁

139

图 5-27 检查驱动电机控制器高压插接器

图 5-28 检查驱动电机控制器低压插接器

6）检测驱动电机控制器低压线束控制电源。图 5-11 所示为驱动电机控制器低压线束 T35 针插头，24 脚、1 脚分别为控制电源接口的 12V - 和 12V + ，使用万用表检测 35 针插头

24 脚和 1 脚电压，应在 9 ~ 16V 之间，如图 5-29 所示。

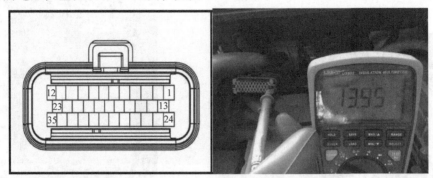

图 5-29　驱动电机控制器低压控制电源检测

3. 检查驱动电机控制器高压电缆绝缘性能

车辆在充电或行驶中动力电池提示绝缘故障，在检测其他高压系统绝缘阻值正常情况下需要检查驱动电机控制器和连接电机控制器的高压线缆绝缘阻值是否正常。用绝缘表黑表笔搭铁，红表笔逐个测量驱动电机控制器上的高压端子和高压线缆端子的绝缘阻值，按下测试按钮，显示的数值为绝缘阻值。驱动电机控制器的搭铁绝缘值大于 100MΩ。

4. 电机控制器 DTC 诊断

电机控制器 DTC 的清单如表 5-2 所示。

表 5-2　电机控制器 DTC 清单

DTC	DTC 定义	DTC 检测条件	DTC 触发条件	可能的故障原因
P0031	电机控制器 IGBT 故障	钥匙转至 ON/START 档	电机控制器	电机控制器故障
P0032	电机控制器 12V 瞬间断路故障	钥匙转至 ON/START 档	电机控制器供电电源	电机控制器供电线路及插接器故障
P0512	电机控制器温度传感器短路故障	钥匙转至 ON/START 档	电机控制器传感器及线束	电机控制器传感器及线束故障
P0514	电机控制器温度传感器开路故障	钥匙转至 ON/START 档	电机控制器温度传感器或线路	电机控制器传感器故障电机控制器传感器线路故障
P0515	电机控制器 CAN 故障	钥匙转至 ON/START 档	电机控制器或电机总线 CAN 线束	电机控制器或电机总线 CAN 线束故障
P0516	电机控制器过电流故障	钥匙转至 ON/START 档	表示电机系统电压高于 200A	电机负载突变，引起的冲击过大造成过流、电机控制器故障
P0517	电机控制器过电压故障	钥匙转至 ON/START 档	表示电机系统电压高于 380V	电机负载突变，引起的冲击过大造成过压、电机控制器故障
P0518	电机控制器欠电压故障	钥匙转至 ON/START 档	电机系统高压电压值低于正常工作电压阈值	主继电器未闭合
P0521	电机控制器相电流过电流故障	钥匙转至 ON/START 档	电机控制器	电机控制器故障
P0771	电机控制器反馈模式故障	钥匙转至 ON/START 档	电机控制器	电机控制器故障

在进行下列检测步骤之前，确认蓄电池电压为正常电压。

① 将车钥匙置于 OFF 档。

② 将诊断仪 BDS 连接至车辆诊断接口上。

③ 将车钥匙置于 ON 档。

④ 用诊断仪读取和清除 DTC。

如果检测到 DTC，则说明车辆有故障，请进行相应的诊断步骤。

如果没有检测到 DTC，则说明先前检测到的故障为偶发性故障。

1）若清除后 DTC 显示 P0031，则为电机控制器 IGBT 故障，需执行以下操作：

使用电动汽车专用故障诊断仪清除故障码，若故障码清除，则车辆恢复正常；若仍然存在故障码，则需更换电机控制器 IGBT 主板。

2）若清除后 DTC 仍然显示 P0032，则为电机控制器 12V 瞬间断路故障，需执行以下操作：

① 检查低压熔丝盒电机控制器熔丝（F12 /7.5A）是否熔断。若是，更换低压熔丝并查找线路是否有短路故障；若不是，进行下一步。

② 使用万用表测量低压熔丝盒电机控制器熔丝（F12 /7.5A）至电机控制器插头 T35 中的 1 针脚是否导通（图 5-30）。若是，修复线束及插接器；若不是，修复电机控制器插头 T35 中的 24 针脚与车身搭铁点。

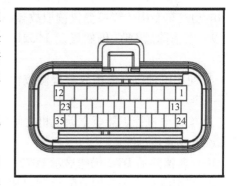

图 5-30 电机控制器 T35 插接头

3）若清除后 DTC 仍然显示 P0512，则为电机控制器温度传感器短路故障，需执行以下操作：

① 检查电机控制器插头 T35 中的 9、10 针脚与车身之间的阻值是否正常（无穷大）。若是，更换或维修电机控制器；若不是，进行下一步。

② 检查电机控制器插头 T35 中的 9、10 针脚与车身之间的线束及插头之间的阻值是否正常（994Ω）。若是，更换或维修电机控制器；若不是，更换温度传感器。

4）若清除后 DTC 仍然显示 P0514，则为电机控制器温度传感器开路故障，需执行以下操作：

检查电机控制器插头 T35 中的 9、10 针脚之间的阻值是否正常（994Ω）。若是，更换或维修电机控制器；若不是，检修电机控制器插头 T35 中的 9、10 针脚、线束、插接器及温度传感器。

5）若清除后 DTC 仍然显示 P0515，则为电机控制器 CAN 故障，需执行以下操作：

拔掉电机控制器插头 T35、整车控制器 T81（图 5-31），使用万用表电阻档测量电机控制器插头 T35 中的针脚 31、32 与整车控制器插头 T81 中的针脚 8、9 之间的通断。若导通，维修电机控制器插头 T35；若不导通，更换维修电机控制器。

6）若清除后 DTC 仍然显示 P0516，则为电机控制器过流故障，需执行以下操作：

① 使用专用故障诊断仪清除故障码。若不存在，车辆恢复正常；若存在，进行下一步。

② 检查电机控制器与驱动电机之间的高压母线。若完好，更换或维修高压母线；若不是，则为电机控制器内部故障，维修或更换电机控制器。

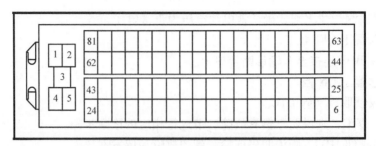

图 5-31　整车控制器 T81 插接头

7）若清除后 DTC 仍然显示 P0517，则为电机控制器过压故障，需执行以下操作：

① 使用专用故障诊断仪清除故障码。若不存在，车辆恢复正常；若存在，进行下一步。

② 检查电机控制器与驱动电机之间的高压母线。若完好，更换或维修高压母线；若不是，则为电机控制器内部故障，维修或更换电机控制器。

8）若清除后 DTC 仍然显示 P0518，则为电机控制器欠压故障，需执行以下操作：

检查主继电器是否闭合。若是，检查高压继电器输出母线至电机控制器线束；若不是，使用电动汽车专用故障检测仪读取故障码，根据提示进行维修。

9）若清除后 DTC 仍然显示 P0521，则为电机控制器相电流过电流故障，需执行以下操作：

① 使用电动汽车专用故障检测仪清除故障码。若不存在，车辆恢复正常；若存在，进行下一步。

② 检查电机控制器至驱动电机之间的母线。若完好，维修或更换电机控制器；若不是，维修或更换高压母线。

10）若清除后 DTC 仍然显示 P0771，则为电机控制器反馈模式故障，需执行以下操作：

① 使用电动汽车专用故障检测仪清除故障码。若不存在，车辆恢复正常；若存在，进行下一步。

② 检查整车控制器插头 T81 中的针脚 8、9 至电机控制器插头 T35 中的针脚 31、32 之间的线束及插头有无破损及短路情况。若破损，修复或更换线束及插头；若不是，修复或更换整车控制器或电机控制器。

5.3.2　驱动电机检查与维护

电动汽车使用的驱动电机通常要求能够频繁地起动、停车，加速、减速。低速行驶或爬坡时要求电动机高转矩运行；高速行驶时要求驱动电机低转矩运行，变速范围要大。

对电动汽车驱动电机性能的要求有：

1）要有 4~5 倍的过载能力，以满足短时间内加速行驶与最大爬坡度的要求。

2）最高转速应能达到基本转速的 3~5 倍。

3）要求驱动电机具有高功率密度和高效率，即在较宽的转速和转矩范围内都有较高的效率。

4）可控性高，稳态精度高，动态性能好且能够多机协调运行。

5）在较恶劣的环境中也能够正常工作。

6）制动再生效率高。

　　按照驾驶人的行驶意图，电机控制器将动力电池的高压直流电逆变成驱动电机的高压三相交流电（380V），从而使驱动电机产生旋转力矩，通过传统装置将驱动电机旋转运动传递给车轮，实现车辆行驶。

　　目前，驱动电机不仅可以驱动车辆行驶，而且可以进行制动能量回收。驱动电机在制动、缓慢减速时，整车控制器 VCU 发出相应指令驱动电机转为发电机发电工况，此时驱动电机会将车辆动能转化为电能，通过驱动电机控制器将高压三相交流电整流成为高压直流电向动力电池充电。

　　驱动电机系统的维护周期：

　　1）日常维护：1~2 次/周。

　　2）定期维护：1 次/6 个月或 1 次/1 万 km。

　　日常检查和维护驱动电机的方案：

　　1）检查驱动电机的外观（需断电）。

　　2）清洁驱动电机（需断电）。

　　3）检查驱动电机插接器状态（需断电）。

　　4）检查车辆运行过程中驱动电机是否有异响；注意区分是类似"咔嗒""咔嗒"声的机械噪声，还是类似"嗞—"刺耳的电磁噪声，如果是后者可暂不考虑处理。

　　定期检查和维护驱动电机的方案：

　　1）检查驱动电机的外观（需断电）。

　　2）清洁驱动电机（需断电）。

　　3）检查驱动电机插接器状态（需断电）。

　　4）检查驱动电机螺栓紧固情况。

　　5）检查驱动电机绝缘情况。

　　6）检查车辆运行过程中驱动电机是否有异响；注意区分是类似"咔嗒""咔嗒"声的机械噪声，还是类似"嗞—"刺耳的电磁噪声，如果是后者可暂不考虑处理。

　　7）每 1~2 万 km，检查驱动电机与减速器的连接花键状态，如花键表面油脂有流失，需及时补充。

　　8）根据情况而定，可检查驱动电机定子绕组的阻值。

　　9）根据情况而定，可检查旋转变压器的阻值。

　　10）根据情况而定，可检查电机温度传感器的阻值。

　　驱动电机的检查与维护方案：

1. 检查驱动电机外观并清洁

　　1）检查驱动电机表面是否有油液污渍，是否存在泄漏现象，如图 5-32 所示。

图 5-32　检查驱动电机有无泄漏

　　2）检查驱动电机上冷却液管有无裂纹和泄漏，如图 5-33 和图 5-34 所示。如果存在泄漏情况，需查找泄漏部位。

143

图 5-33　检查驱动电机冷却液上水管

图 5-34　检查驱动电机冷却液下水管

3）目测车身底部防护层、驱动电机是否有磕碰、损坏，如图 5-35 所示。

4）清除驱动电机外部灰尘、油泥，使用压缩空气或干布对驱动电机的外观进行清洁，如图 5-36 所示。注意，严禁使用水枪对驱动电机、电机控制器喷水清洗。

图 5-35　检查驱动电机有无磕碰、损坏

图 5-36　清洁驱动电机

2. 检查驱动电机插接器状态

1）检查驱动电机高压插接器连接状态是否良好，目测插接器是否存在退针、变形、松动、过热或损坏的情况，若发现以上情况应及时维修或更换，如图 5-37 所示。

2）检查驱动电机低压插接器连接状态是否完好，目测各个插接器是否存在退针、变形、松动、过热或损坏情况，若发现以上情况应及时予以修理或更换，如图 5-38 所示。

图 5-37　驱动电机高压插接器

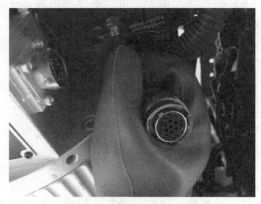

图 5-38　驱动电机低压插接器

3. 检查驱动电机螺栓紧固情况

检查驱动电机与变速器总成安装力矩和右悬置总成安装力矩是否符合要求，使用扭力扳手检查各固定螺栓紧固力矩，如图 5-39 所示。

图 5-39　检查驱动电机螺栓紧固力矩

驱动电机各螺栓的固定力矩技术参数见表 5-3。

表 5-3　驱动电机各螺栓紧固力矩技术参数

名　称	力矩/N · m
驱动电机与变速器总成安装螺栓、螺母	25 ~ 30，9 ~ 11
驱动电机与右悬置总成安装螺栓	50 ~ 55

4. 检查驱动电机的绝缘性

常规检查中要对驱动电机的绝缘性进行检查，因为其绝缘性只有达到标准要求，才能安全使用。驱动电机绝缘性的具体检测步骤如下：

1）检查驱动电机铭牌，根据驱动电机额定电压选择合适绝缘表，驱动电机铭牌如图 5-40 所示。

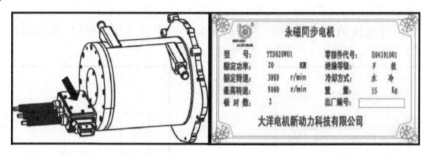

图 5-40　驱动电机铭牌

2）根据额定电压选择合适的绝缘表档位，黑色导线接绝缘表"com"接线柱，红色导线接绝缘表"V"或"绝缘"接线柱。

3）测量驱动电机搭铁绝缘性。将绝缘表黑表笔搭铁，红表笔依次检测驱动电机三相交流电的 U、V、W 端子，三相电三个端子的搭铁绝缘值不小于 $100M\Omega$。

5. 检查驱动电机定子绕组

使用万用表测量驱动电机的定子绕组 U 和 V 之间、V 和 W 之间、W 和 U 之间的阻值是否正常。其正常值的要求如下：

1）对于新电机用 1000V 兆欧表：绝缘电阻应不小于 1MΩ。

2）对于运行过的电机用 500V 兆欧表：绝缘电阻应不小于 0.5MΩ。

6. 驱动电机 DTC 诊断

驱动电机 DTC 的清单如表 5-4 所示，其检测步骤如下：

① 将车钥匙置于 OFF 档。

② 将诊断仪 BDS 连接至车辆诊断接口上。

③ 将车钥匙置于 ON 档。

④ 用诊断仪读取和清除 DTC。

在进行上述步骤之前，确认蓄电池电压为正常电压。

表 5-4　驱动电机 DTC 清单

DTC	DTC 定义	可能的故障原因
P0519	电机超速保护故障	电机旋变线束或插接器故障
P0520	电机温度传感器短路故障	电机温度传感器损坏
		电机传感器线束或插接器故障
P1280	电机过热故障	冷却液不足
		冷却系统堵塞
		散热风扇不工作
		水泵工作异常
P1793	电机发电模式失效故障	电机控制器 MCU 线束或插接器故障
		电机控制器损坏

如果检测到 DTC，则说明车辆有故障，请进行相应的诊断步骤。

如果没有检测到 DTC，则说明先前检测到的故障为偶发性故障。

1）若清除后 DTC 显示 P0519，则为电机超速保护故障，需执行以下操作：

① 断开低压蓄电池负极电缆，断开电机旋变插头 T35（图 5-41）和电机控制器插头 T12（图 5-42）。

图 5-41　驱动电机 T35 插头

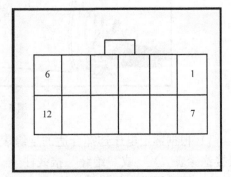

图 5-42　电机控制器 T12 插头

② 测量电机旋变插头 T12 的针脚至电机控制器针脚（1－12、2－11、3－35、4－34、5－2、6－22）之间导线是否出现断路/短路情况。若是，则需要进行线路维修；若不是，

检查电机端插头及电机控制器端插头是否出现退针情况，如有，维修或更换。

2）若清除后 DTC 仍然显示 P0520，则为电机温度传感器短路故障，需执行以下操作：

① 测量电机旋变插头（电机温度传感器）T12 的针脚（图 5-43）至电机控制器 T35 针脚（1-7、2-8）之间导线是否导通（图 5-44）。若是，更换电机温度传感器，故障排除；若不是，进行下一步。

② 测量电机旋变插头（电机温度传感器）T12 的针脚至电机控制器 T35 的针脚（1-7、2-8）之间导线是否出现断路/短路情况。若是，维修导线；若不是，检查电机端插头及电机控制器端插头是否出现退针情况，如有，维修或更换。

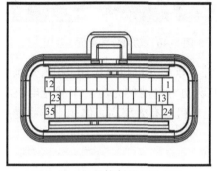

图 5-43　电机控制器 T35 插头

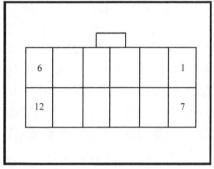

图 5-44　电机旋变 T12 插头

3）若清除后 DTC 显示 P1280，则为电机过热故障，需执行以下操作：

① 目测冷却液高度：首先检查散热器冷却液高度（正常应加满），然后检查冷却液膨胀水箱内的冷却液高度是否在上下线刻度中间位置。若是，加注冷却液或检查漏点进行修复；若不是，进行下一步。

② 检查水泵是否工作，若工作正常，进行下一步；若不工作，将车钥匙置于 ON 档，测量水泵插头 T2d 的1、2 针脚（图 5-45），如有 12V 电压，更换水泵，如无修复线束或熔丝。

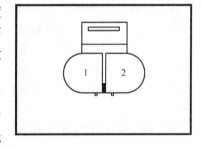

图 5-45　水泵针插头

③ 检测散热风扇是否工作，若是，清理散热水道；若不工作，检修散热风扇系统。

4）若清除后 DTC 显示 P1793，则为电机发电模式失效故障，需执行以下操作：

① 测量电机控制器插头 T35 的 1、24 针脚有无供电；若有，更换电机控制器；若没有，进行下一步。

② 检查电机控制器熔丝是否熔断；若熔断，更换熔丝；若良好，进行下一步操作。

③ 测量电机控制器插头 T35 的 1 针脚与低压熔丝盒 FU12（电机控制器熔丝）之间导线是否出现断路或短路现象。若是，维修导线；若否，测量电机控制器插头 T35 的 24 针脚与车身搭铁插头 4 针脚是否出现断路或短路情况，并维修导线。

5.3.3　动力分配单元 PDU 检查与维护

EV160 动力分配单元主要由高压控制盒、车载充电机以及 DC/DC 变换器三部分构成，如图 5-46 所示。

高压控制盒主要实现对整车高压配电的管理，实现对各路用电器的保护及切断，有过电流、过电压、过温保护功能，同时具备CAN通信，实时数据交换的功能。高压控制盒内有PTC控制板、PTC熔断器、空调压缩机熔断器、DC/DC熔断器、车载充电机熔断器以及快充继电器等。若熔断器熔断，则无电流输出；快充继电器不闭合，则无法快充，起到保护高压附件的作用。

图5-46　动力分配单元

EV160的慢充系统主要由供电设备、慢充口、慢充线束、车载充电机、高压控制盒和动力电池组成。车载充电机是慢充系统的主要组成部件，车载充电机将民用220V交流电整流转换为动力电池所需的290～420V高压直流电，实现动力电池的充电。车载充电机有风冷和水冷两种冷却形式，相对于传统工业电源，车载充电机具有效率高、体积小、耐受恶劣工作环境能力强等特点。车载充电机如图5-47所示。

DC/DC变换器的主要功能是将动力电池的290～420V高压直流电转换为整车12V低压直流电，给整车低压用电系统供电以及给蓄电池充电。DC/DC变换器一般采用自然冷却，具有输入过欠电压保护、输出过欠电压保护、输出过载短路保护以及过温保护功能，具有效率高、体积小、耐受恶劣工作环境能力强等特点。

图5-47　车载充电机

（1）DC/DC变换器的工作条件

1）高压输入范围为290～420V。

2）低压使能输入范围为9～14V。

（2）判断DC/DC是否工作的方法

1）保证整车线束正常连接的情况下，上电前使用万用表测量铅酸蓄电池端电压，并记录。

2）整车上ON电，继续读取万用表数值，查看变化情况，如果数值在13.5～14V之间，判断为DC/DC工作。

（3）动力分配单元PDU检查与维护方案

1）外观检查与清洁。检查动力分配单元PDU外观，检查外壳是否有明显碰撞痕迹，如有无变形及破损，必要时进行更换；用压缩空气清除动力分配单元表面灰尘，如图5-48所示。

2）连接线束检查与维护。检查动力分配单元各连接线束应无破损、裂纹，各连接线束应连接可靠无松动，如图5-49所示（橙色线束）。

3）检查与维护紧固螺栓。检查动力分配单元PDU紧固螺栓有无锈蚀，紧固力矩是否足够，如图5-50所示。

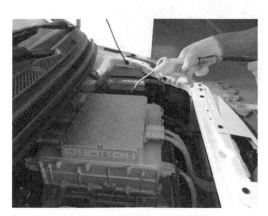

图 5-48 检查与清洁动力分配单元

图 5-49 PDU 各连接线束无松动

4）检查 DC/DC 变换器输出电压。判断 DC/DC 是否正常工作，可以通过测量 DC/DC 变换器输出端电压来判断。

① 将点火开关置于 OFF 档，断开所有用电器并拔出钥匙。

② 按压低压蓄电池锁压件，打开盖板并裸露出电压蓄电池正极。

③ 使用专用万用表电压档测量低压蓄电池的电压，并记录数值，如图 5-51 所示。

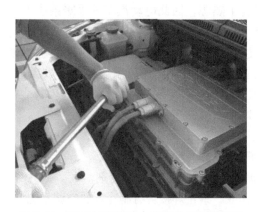

图 5-50 检查与维护动力分配单元紧固螺栓

图 5-51 整车上电前测量低压蓄电池电压

④ 将点火开关置于 ON 档，整车上电，继续读取万用表数值，查看变化情况（车内用电设备关闭），如图 5-52 所示。若在整车上电后且关闭车内用电设备的情况下，检测 DC/DC 变换器输出电压，应在 13.5～14V 范围内。

5.3.4 空调系统检查与维护

传统汽车压缩机由发动机通过传动带驱动制冷，热风由发动机冷却液的热量在暖风水箱上散发，由空调鼓风机风扇吹到车内。而新能源汽车空调压缩机由高压直流电驱动电机，带动压缩机制冷；热风由高压直流电通过 PTC 器件发热产生热量，由空调鼓风机风扇吹到车内。

汽车空调系统由制冷系统、暖风系统以及送风系统组成。

新能源汽车空调制冷系统主要是由电动压缩机、冷凝器、膨胀阀、蒸发器和管路等组成，其原理与传统内燃汽车空调相同，各个部件之间采用高压橡胶管和钢管连接成一个密闭的系统。在制冷系统工作时，制冷剂会以不同的状态在这个空间里循环流动，而这样的循环又分为了四个过程：

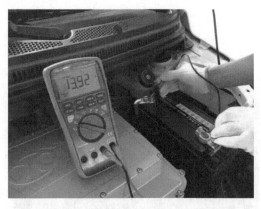

图 5-52　整车上电后测量低压蓄电池电压

（1）压缩过程　压缩机吸入蒸发器出口处低温低压的制冷剂气体，把它压缩成高温高压的气体排出压缩机。

（2）散热过程　高温高压的过热制冷剂气体进入冷凝器散热，由于温度的降低，制冷剂气体冷凝成液体。

（3）节流过程　压力较高的液体制冷剂通过膨胀后压力急剧下降，以雾状（细小液滴）排出膨胀阀。

（4）吸热过程　雾状制冷剂液体进入蒸发器，因为此时制冷剂沸点远低于蒸发器内温度，所以制冷剂液体蒸发成气体。在蒸发过程中大量吸收周围的热量，而后低温低压的制冷剂蒸气又进入压缩机。上述过程周而复始地进行，达到降低蒸发器周围空气温度的目的。

电动汽车取消了传统内燃机汽车的发动机，没有了热源，因此电动汽车的采暖系统工作原理与传统内燃机汽车不同，电动汽车的暖风系统利用 PTC 加热器通电加热车内空气来达到制热效果。PTC 又称暖风加热器，装在暖风蒸发箱总成内部，是汽车制造热风的主要来源，PTC 最大的优势就是发热速度快，温度高且可控、使用方便。送风系统主要由鼓风机、风道、内外转换风门、空调滤芯、出风口等组成。

对于带空调的汽车，其维修工作和处理空调制冷剂时应注意：

1）维修空调系统时，应保持环境和工具整洁。

2）维修 PTC 系统前，必须断开蓄电池负极电缆。

3）进行制冷剂相关操作时，做好人身安全防护，避免接触、吸入制冷剂。

4）检修空调管路时，必须在良好的通风环境中作业，禁止焊接含有制冷剂的空调系统。

5）禁止将制冷剂直接排放到大气中，应使用专用设备进行回收，并根据相关规定处理废旧制冷剂。

6）装有制冷剂的容器应在阴凉处存放，避免存放在阳光照射及高温区域，以免发生膨胀爆裂。

7）压缩空气与制冷剂混合可形成可燃气体，因此要分开放置处理。

8）汽车空调系统使用 R－134a 型制冷剂，因此应使用 R－134a 型制冷剂的维修专用设备进行维修作业。

在加注制冷剂前，先进行系统抽真空，约 15～30min。

制冷剂、制冷剂润滑油的储藏必须按要求存放，并防止空气中的水分或其他杂质渗入，禁止使用没有密封储藏的制冷剂润滑油及过期制冷剂。

空调系统检查与维护方案：

1. 空调系统压力过高

序号	检查步骤	检查结果及处置		
0	初步检查	正常	有故障	操作方法
	检查冷凝器散热片是否堵塞	进行第1步	冷凝器散热器片堵塞	清洗或更换冷凝器
1	检查电子风扇	正常	有故障	操作方法
	检查电子风扇是否损坏	进行第2步	电子风扇损坏	检查电子风扇，必要时更换电子风扇总成
2	检查制冷剂	正常	有故障	操作方法
	检查制冷剂是否过量	进行第3步	制冷剂过量	调整制冷剂量至标准值
3	检查膨胀阀	正常	有故障	操作方法
	检查膨胀阀是否堵塞或失效	进行第4步	膨胀阀堵塞或失效	更换膨胀阀
4	检查压缩机	正常	有故障	操作方法
	检查压缩机是否损坏	进行第5步	压缩机损坏	更换空调压缩机
5	检查操作	正常	有故障	操作方法
	正确检修操作后，检查故障是否出现	诊断结束	故障未消失	从其他症状查找故障原因

2. 空调系统压力过低

序号	检查步骤	检查结果及处置		
0	初步检查	正常	有故障	操作方法
	检查空调管路是否泄漏	进行第1步	空调管路有泄漏	更换空调管
1	检查制冷剂	正常	有故障	操作方法
	检查制冷剂是否不足	进行第2步	制冷剂不足	调整制冷剂量符合标准值
2	检查膨胀阀	正常	有故障	操作方法
	检查膨胀阀是否堵塞或失效	进行第3步	膨胀阀是否堵塞或失效	更换膨胀阀
3	检查压缩机	正常	有故障	操作方法
	检查压缩机是否损坏	进行第4步	压缩机是否损坏	更换空调压缩机
4	检查操作	正常	有故障	操作方法
	正确检修操作后，检查故障是否出现	诊断结束	故障未消失	从其他症状查找故障原因

3. 空调压缩机不制冷

序号	检查步骤	检查结果及处置		
0	初步检查	正常	有故障	操作方法
	检查压缩机是否工作	进行第1步	压缩机不工作	检查电路
1	检查	正常	有故障	操作方法
	检查低压熔丝是否熔断	进行第2步	熔丝熔断	更换熔丝
2	检查高压熔断器	正常	有故障	操作方法

（续）

序号	检查步骤	检查结果及处置		
	检查高压熔断器是否熔断	进行第3步	高压熔断器熔丝熔断	更换高压熔断器熔丝熔断
3	检查空调继电器	正常	有故障	操作方法
	检查空调继电器是否损坏	进行第4步	空调继电器损坏	更换空调继电器操作方法
4	检查控制器（VCU）	正常	有故障	
	检查控制器（VCU）是否损坏	进行第5步	控制器（VCU）损坏	更换控制器（VCU）
5	检查空调控制器电路	正常	有故障	操作方法
	检查空调控制器供电正常	进行第6步	空调控制器短路或断路	维修供电线路
6	检查空调控制器	正常	有故障	操作方法
	检查空调控制器是否损坏	进行第7步	空调控制器损坏	更换空调控制器
7	检查蒸发器温度传感器	正常	有故障	操作方法
	检查蒸发器温度传感器是否失效	进行第8步	蒸发器温度传感器失效	更换蒸发器温度传感器
8	检查制冷系统压力	正常	有故障	操作方法
	检查制冷系统是否压力不足	进行第9步	制冷系统压力不足	检查管路泄漏，必要时补充制冷剂
9	检查制冷剂	正常	有故障	操作方法
	检查制冷剂是否不足或过量	进行第10步	制冷剂不足或过量	调整制冷剂量符合标准值
10	检查膨胀阀	正常	有故障	操作方法
	检查膨胀阀是否堵塞或失效	进行第11步	膨胀阀堵塞或失效	更换膨胀阀
11	检查空调压缩机	正常	有故障	操作方法
	检查空调压缩机是否损坏	进行第12步	压缩机损坏	更换空调压缩机
12	检查操作	正常	有故障	操作方法
	正确检修操作后，检查故障是否出现	诊断结束	故障未消失	从其他症状查找故障原因

4. 空调压缩机异响

序号	检查步骤	检查结果及处置		
0	初步检查	正常	有故障	操作方法
	检查空调压缩机安装是否松动	进行第1步	压缩机安装松动	紧固压缩机
1	检查压缩机本体	正常	有故障	操作方法

152

（续）

序号	检查步骤	检查结果及处置		
	检查压缩机轴承是否损坏	进行第2步	压缩机本体损坏	更换空调压缩机
2	检查操作	正常	有故障	操作方法
	正确检修操作后，检查故障是否出现	诊断结束	故障未消失	从其他症状查找故障原因

5. 出风口间断有冷气

序号	检查步骤	检查结果及处置		
0	初步检查	正常	有故障	操作方法
	检查制冷剂循环回路内是否有水分	进行第1步	制冷剂循环回路内有水分	空调系统抽真空，更换干燥储液罐
1	检查蒸发器温度传感器	正常	有故障	操作方法
	检查蒸发器温度传感器是否损坏	进行第2步	蒸发器温度传感器损坏	检查蒸发器温度传感器，必要时更换
2	检查空调压力传感器	正常	有故障	操作方法
	检查空调压力传感器信号是否错误	进行第3步	空调压力传感器信号错误	更换空调压力传感器
3	检查空调压缩机	正常	有故障	操作方法
	检查空调压缩机是否损坏	进行第4步	空调压缩机损坏	更换空调压缩机
4	检查操作	正常	有故障	操作方法
	正确检修操作后，检查故障是否出现	诊断结束	故障未消失	从其他症状查找故障原因

153

5.4　北汽新能源纯电动汽车底盘检查

5.4.1　动力电池检查与维护

1. 作业前准备

1）设置安全隔离，并放置安全警示牌，如图 5-53 所示。

2）检查并穿戴个人防护用品，如图 5-54 所示。

3）检查并调校设备仪器，如图 5-55 所示。

4）检查绝缘工具，如图 5-56 所示。

图 5-53　设置高压警示牌

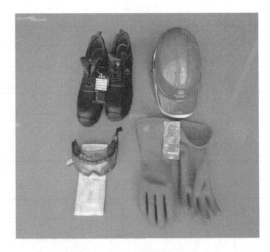

图 5-54　个人防护用品

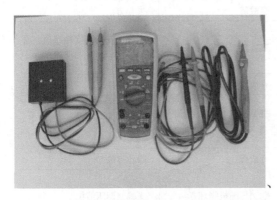

图 5-55　检查并调校设备仪器

图 5-56　检查绝缘工具

5）实施车辆防护，如图 5-57 所示。

2. 高压系统断电及绝缘监测

1）断开低压蓄电池负极，如图 5-58 所示。

图 5-57　实施车辆防护

图 5-58　断开低压蓄电池负极

2）断开动力分配单元 PDU 控制电路 35 针插接器，如图 5-59 所示。

3）使用举升机举升车辆至作业位置，并检查动力电池底板，如图 5-60 所示。

4）拆下动力电池线束护板，如图 5-61 所示。

5）拆卸动力高、低压线束插接器，并检查插接器情况，如图 5-62 所示。

6）测量动力电池端插座母线正负极输出端电压，如图 5-63 所示。

7）使用放电工装对高压负载端进行放电，以保证作业安全，如图 5-64 所示。

8）检查动力电池外部绝缘性。

图 5-59　断开 PDU 控制电路 35 针插接器

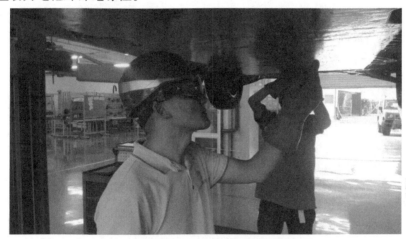

图 5-60　检查动力电池底板

图 5-61　拆下动力电池线束护板

155

高压插接器

低压插接器

图5-62　断开动力电池高、低压连接线束

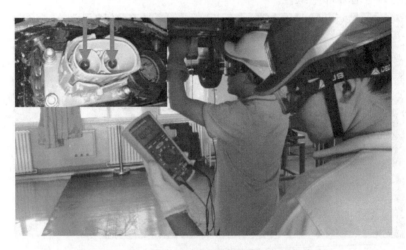

图5-63　检查动力电池插座输出端正负极间电压

为了避免动力电池漏电，防止线路及内部短路，需要对动力电池高压母线的绝缘性能进行检查。将钥匙转动到OFF档，对高压负载放电后，根据图5-65所示端口定义，用数字绝缘表分别检测高压正极、负极与车身搭铁的绝缘电阻。

① 将绝缘表黑表笔接于车身，红表笔测量1端子正极绝缘状态，电阻为2.2GΩ，大于标准值1.4MΩ，如图5-66a所示；若不合格则需修复或更换。

图5-64　高压负载放电

② 将绝缘表黑表笔接于车身搭铁，红表笔测量2端子负极绝缘状态，电阻为2.2GΩ，大于标准值1.0MΩ，如图5-66b所示；若不合格则需修复或更换。

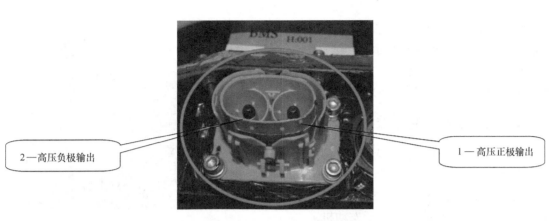

2—高压负极输出   1—高压正极输出

图 5-65　动力电池端口定义

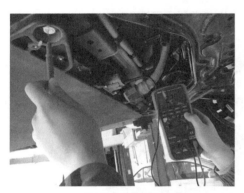

a) 正极与车身搭铁间绝缘电阻

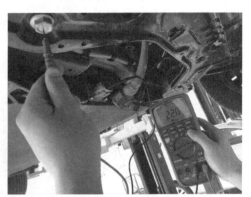

b) 高压负极与车身搭铁间绝缘电阻

图 5-66　检测动力电池高压输出绝缘电阻

3. 动力电池拆卸与安装

1）把动力电池举升车推入车底，并正好拖住整个动力电池，如图 5-67 所示。

图 5-67　推入动力电池举升机

2）使用绝缘扳手依次拆卸动力电池固定螺栓。

3）使用动力电池举升机缓慢放下动力电池，如图 5-68 所示。

157

4）检查动力电池外观并用干抹布清洁动力电池，如图5-69所示。

5）检查并清洁完毕后，按规定力矩使用绝缘扭力扳手，安装动力电池。

5.4.2 制动系统检查与维护

电动汽车制动系统和传统汽车的类似，主要由制动器、压力调节装置、制动防抱死系统、助力系统等组成。传统汽车真空助力系统中的真空来源于发动机，而电动汽车的真空来源于电动真空泵。

图 5-68 缓慢放下动力电池

图 5-69 检查并清洁动力电池

行车制动系统检查与维护方案：

1. 检查制动踏板工作情况

1）关闭电源，踩踏制动踏板数次，制动踏板应无异常噪声和松旷现象。

2）检查制动踏板自由行程。测量时在制动踏板与驾驶室底板之间立一直尺，用手向下按制动踏板至有阻力时，记下直尺读数；然后放松踏板，再记录直尺读数。两次读数之差即为制动踏板自由行程，如图5-70所示。液压制动系统的踏板自由行程一般在15~30mm。

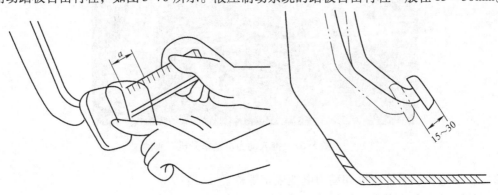

图 5-70 检查制动踏板自由行程

2. 检查制动盘和摩擦片

1）拆卸车轮及制动钳，如图 5-71 所示。

图 5-71 拆卸车轮及制动钳

2）检查内、外摩擦片工作面有无异常磨损，测量 3 个位置的厚度，如厚度不符合标准应予以更换，如图 5-72 所示。

3）清洁制动盘工作面，检查制动盘外观，应无损坏或异常磨损；清洁千分尺并校零，在距制动盘边缘 10mm 处沿圆周 4 个等分点，分别测量制动盘厚度，取最小值，制动盘厚度应不小于 19mm，否则必须更换制动盘，如图 5-73 所示。

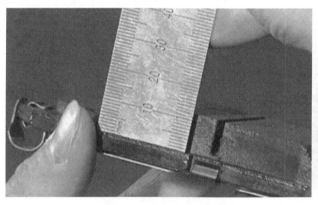

图 5-72 测量摩擦片厚度　　　　　　图 5-73 测量制动盘厚度

4）将摩擦片、制动钳及车轮复装。

3. 检查制动液

1）检查制动液储液罐内的制动液量，液面应在 MAX 与 MIN 之间，若低于 MIN 标记，应及时补充制动液，如图 5-74 所示。

2）检查管路连接部分有无液体渗漏，制动管路有无凹痕、损坏，管路固定件有无松动，若有，则需及时维修。

3）更换制动液。车辆正常行驶 4 万 km 或制动液连续使用超过两年，制动液容易变质，

图 5-74 制动液液位检查

需要及时更换，更换步骤如下：

① 放松驻车制动器，取下车轮制动轮缸放气阀上的防尘帽，将塑料软管一端插入制动轮缸的放气阀上，另一端插入接油容器中，如图5-75所示。

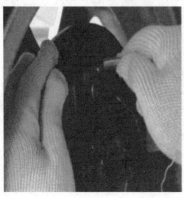

图 5-75　连接软管

② 连续踩踏制动踏板多次后，踩住制动踏板不放，使用排气扳手拧松制动轮缸上的放气阀，将使用过的制动液排空，如图5-76所示；直到使用过的制动液排放完毕，拧紧放气阀，取下塑料软管。

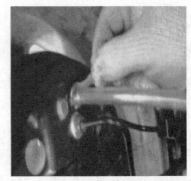

a) 踩住制动踏板　　　　　　　　　b) 拧松放气阀

图 5-76　排空制动液

③ 排放完毕后，用抹布擦净制动轮缸放气阀周围的油液。四轮排放顺序为右前轮、左前轮、左后轮、右前轮。

④ 取下车轮制动轮缸放气阀上的防尘帽，将洁净的塑料软管一端插入制动轮缸的放气阀上，另一端插入装有新制动液的接油容器中液面以下的位置，如图5-77所示。

⑤ 连续踩踏制动踏板数次，当感觉制动踏板阻力增大时，踩住制动踏板，使用排气扳手拧松制动轮缸上的放气阀，制动液和空气快速进入接油容器

在制动液液面下

图 5-77　连接软管

160

中。注意：排气过程中，脚必须随制动踏板下行，且不可放松制动踏板。并注意查看储液罐内制动液液面，做到及时添加。

⑥ 当进入接油容器中的制动液流速变慢时，按照规定的力矩拧紧制动轮缸上的放气阀。根据以上步骤，按照右后车轮、左前车轮、左后车轮、右前车轮的顺序，分别对各个制动轮缸管路进行排气。

5.4.3 转向系统检查与维护

汽车电动助力转向器（EPS）是一种机电一体化的新一代车辆动力转向系统。它由控制器（VCU）、转矩传感器、电机总成和其转向器组成。汽车电动助力转向器是根据转向盘的转向力（即转矩传感器）、车速传感器、发动机转速等控制信号，确定转向助力的大小和方向，并驱动电机辅助转向操作。EPS 系统由转向机、VCU、传感器、电机等部件组成，如图5-78 所示。

电动助力转向系统检查与维护方案：

1. 检查转向盘锁止功能

1）将钥匙转至"LOCK"位并拔出。

2）转动转向盘，检查是否能锁止。

3）插入钥匙，并旋至"ACC"位。

4）转动转向盘，检查是否能自由转动，如图5-79 所示。

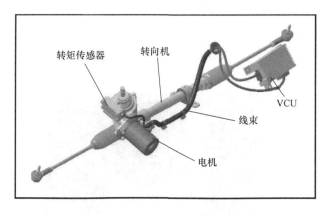

图 5-78　EPS 系统结构

图 5-79　检查转向盘锁止功能

2. 检查转向盘安装状况

1）握住转向盘上下晃动，检查有无摆动、松动。

2）握住转向盘左右晃动，检查有无摆动、松动，如图5-80 所示。

3. 检查转向盘自由行程

1）起动汽车，回正转向盘。

2）车外配合观察车轮状态。

3）转动转向盘到车轮开始发生偏转。

4）使用直尺测量转向盘的自由行程，如图5-81 所示。

图 5-80　检查转向盘安装状况

图 5-81　检查转向盘自由行程

4. 检查转向横拉杆

1）举升车辆至合适高度。

2）检查转向横拉杆有无弯曲、损坏。

3）用手上下摇晃转向横拉杆，检查安装有无松动。

4）检查另一侧转向横拉杆有无弯曲、损坏，安装有无松动，如图 5-82 所示。

5. 检查横拉杆球头防尘罩

1）检查球头防尘罩有无老化、开裂，如图 5-83 所示。

2）检查槽形螺母开口销是否变形、损坏。

3）用同样的方法检查另一侧防尘罩有无老化、开裂，槽形螺母开口销是否变形、损坏。

图 5-82　检查转向横拉杆

图 5-83　检查横拉杆球头防尘罩

6. 检查转向节

1）检查转向节有无变形、损坏。

2）检查另一侧转向节有无变形、损坏，如图 5-84 所示。

7. 检查转向器防尘罩

1）检查转向器防尘罩有应无开裂、渗漏，如图 5-85 所示。

2）检查卡箍安装有无松动。

图 5-84 检查转向节

图 5-85 检查转向器防尘罩

读者沟通卡

一、申请课件

　　本书附赠教学课件供任课教师采用，可在机械工业出版社教育服务网（www. cmpedu. com）注册后免费下载；也可扫描二维码关注"爱车邦"微信订阅号获取课件。

 爱车邦	**免费下载**　教学课件、学习视频、海量学习资料 ➢ 扫描二维码，关注"**爱车邦**" ➢ 点击"粉丝互动"→"视频课件"

二、意见反馈和编写合作

　　联　系　人：谢元

　　电　　　话：010-88379771

　　电子信箱：22625793@qq.com

　　地　　　址：北京市西城区百万庄大街 22 号汽车分社

　　邮　　　编：100037